9条誕生

9条誕生

平和国家はこうして生まれた

塩田 純
Shioda Jun

岩波書店

凡　例

・本書は、二〇〇七年四月二九日放送のNHKスペシャル「日本国憲法　誕生」、および二〇一七年四月三〇日放送の同「憲法70年　〝平和国家〟はこうして生まれた」を基に執筆されたものである。

・本書に登場する取材先の人物に関する役職・年齢は本書刊行時のものである。

・特に出典の記載のない限り、筆者以外による見解・証言などのコメントは、筆者による取材先の人物へのインタビューに基づく。

・資料などの旧仮名・旧字は、新仮名・新字に改めたものもある。ただし、憲法条文と勅語は基本的に原文のままとした。

・引用中の〔　〕は筆者による補足を示し、それ以外の括弧は原典に記載されているものである。

目　次

第1章　〝平和国家〟それは天皇の勅語から始まった

万世のために太平を開かん

一九四五(昭和二〇)年八月一五日。

後に首相として憲法改正に携わる幣原喜重郎《しではらきじゅうろう》は、丸の内に出かけていた。

戦前、外務大臣を務めた幣原だったが、軍部から軟弱外交と批判されて官界を退き隠棲の身だった。日本倶楽部に立ち寄ると、「正午には陛下の玉音が電波放送される予定」という。図書室に集まった人々に問いかけてみたが、何の放送か、誰も知らなかった。

正午、アナウンサーが、「これより玉音を放送申し上げます」と告げた。人々は襟を正して一斉に起立した。幣原は回想している。

「この放送で、無条件降伏ということが判って、みな色を失った。放送が済んでも、黙って立っていて、一言も発する者がない。隅の方に女の事務員が三、四人立っていたが、それがわあッと泣き出した。それで沈黙が破られ、みなハンケチを取り出して眼を拭いた。それは実に一生忘れられない、深い深い感動であった」(幣原喜重郎『外交五十年』)

ラジオから流れる昭和天皇の声に多くの国民は初めて接した。日本のポツダム宣言受諾、降伏を伝える終戦の詔書《しょうしょ》である。

「堪ヘ難キヲ堪ヘ忍ヒ難キヲ忍ヒ以テ万世ノ為ニ太平ヲ開カムト欲ス」

「万世の……」は、中国宋代の学者・張横渠《ちょうおうきょ》の言葉で、漢学者の安岡正篤《やすおかまさひろ》が引用して書いたものだ。

玉音放送を聞いた幣原も、思わずハンカチを取り出して目を覆った。雑談する気分になれず、黙って日本倶楽部を出ると、電車に乗り込んだ。

三〇代の男が大声で叫んでいた。

「一体君は、こうまで、日本が追いつめられたのを知っていたのか。なぜ戦争をしなければならなかったのか。〔……〕おれたちは知らない間に戦争に引入れられて、知らん間に降参する。怪しからんのはわれわれを騙し討ちにした当局の連中だ」

幣原は、「戦争の放棄」を考えた原点はこの日の体験にあったとしている。

「これは何とかしてあの野に叫ぶ国民の意思を実現すべく努めなくてはいかんと、堅く決心したのであった。それで憲法の中に、未来永劫そのような戦争をしないようにし、政治のやり方を変えることにした。つまり戦争を放棄し、軍備を全廃して、どこまでも民主主義に徹しなければならない」(幣原前掲書)

幣原のこの回想については論議を呼んでおり、第4章で詳述する。しかし、日本国憲法の平和主義が、八月一五日からはじまっていたことは間違いない。

翌日一六日、読売報知と朝日新聞は、「万世の為に太平を開かん」を見出しに掲げていた。そして英語では、はっきりpeace(平和)と訳されていた。

We have resolved to pave the way for a grand peace for all the generations to come by enduring the unendurable and suffering what is insufferable.

(The New York Times, 15 August 1945)

玉音放送で示された平和。そもそも、昭和天皇が平和、戦争終結を考えたのはいつなのだろうか――。

太平洋戦争の敗色が濃くなった一九四五年二月一四日、元首相の近衛《このえ》文麿《ふみまろ》が天皇に拝謁。「敗戦は遺憾ながら最早必至なりと存候」との書き出しで始まる上奏文を提出した。近衛は共産革命の危険性を指摘し、国体護持、天皇制を守るために、戦争の終結の道を講ずるべきだと主張した。しかし、天皇は「もう一度戦果を挙げてからでないと、なかなか話はむずかしいと思う」と述べ、消極的だった。昭和天皇はアメリカ軍にもう一度、大打撃を与えてから和平交渉をという方針を支持していた。

その天皇が戦争終結へと転じていくのは、五月のナチスドイツの崩壊と沖縄戦の戦況悪化だった。しかし、その後もソ連を仲介とする和平工作という見当違いの交渉に時間を費やした。七月二六日に日本の無条件降伏を求めるポツダム宣言が出されても、鈴木貫太郎首相は黙殺を表明。八月六日、広島に原爆投下、八月九日未明、ソ連が日ソ中立条約を破棄して侵攻する。同日、長崎に原爆投下、深夜に開かれた御前会議で昭和天皇はポツダム宣言の受諾を決定。天皇の聖断による終戦を迎えたのである。

三年八カ月に及んだ太平洋戦争は、日本人だけで三一〇万人もの命が失われ、日本の敗北で終わった。ようやく訪れた平和。だが、多くの国民は敗戦の虚脱、混乱のなかにあった。

ポツダム宣言と憲法改正

天皇のラジオ放送が伝えた「ポツダム宣言」。それは平和主義を掲げた日本国憲法の出発点となっている。ポツダム宣言で米、英、中国、ソ連は降伏後の日本に非軍事化と民主化を求めていた。「自由に表明される日本国民の意思にもとづいて、平和的志向を有し、かつ責任ある政府が樹立されたときは、連合国の占領軍はただちに日本国から撤収されるものとする」

これに対して日本政府は、国体護持、つまり天皇を中心とする国家体制を護ることにこだわった。「天皇ノ国家統治ノ大権ヲ変更スルノ要求ヲ包含シ居ラザルコトノ了解」を連合国から取り付けようとする。連合国はバーンズ回答で次の二点を伝えた。

- 天皇および日本政府の統治権は、連合国軍最高司令官に従属する。
- 日本の最終的な統治形態は、ポツダム宣言に従い、日本国民の自由に表明する意志によって決せられるべきである。

つまり、日本の国のありようは民主主義的な手続きを経て表明された国民の意思によって決められるというのである。

ポツダム宣言を受け入れるということは、とりもなおさず、大日本帝国憲法、いわゆる明治憲法を改正する民主化を意味していた。ところが、国体護持にこだわる日本の支配層で、この点に思い至った者は少なかった。

そんななか、いち早く憲法改正の必要性を昭和天皇に伝えた人物がいる。外務大臣の重光葵《しげみつまもる》だ。重光は戦前ソ連公使を、戦中には外相を務め、敗戦後も東久邇宮《ひがしくにのみや》内閣で外相となっていた。

八月二三日午前一一時、重光は皇居に参内。御文庫で天皇に拝謁し、「〔ポツダム〕宣言の履行に当たっての内政上の問題点、並びに外交上の注意点と見通し」を奏上した(『昭和天皇実録』)。

重光に、手記で次のように記している。

「宣言履行に当りては、国内に於ては、政府の組織、議会の形態は勿論、憲法改正問題(統治権の問題)あるべく、且つ民主主義の実行程度如何の問題あり。蘇聯《ソレン》の手動きつつあるは最も注意を要する点にして、国内を攪乱せられざる様最善の努力を要す」(『続　重光葵手記』)

重光は、憲法の改正、とくに明治憲法で定められた天皇の統治権が問題になることを指摘している。これに対して昭和天皇は、終戦のラジオ放送が連合国側に印象が悪い理由や事情について重光に尋ねた。重光は敵側の論調は一時悪化したが、外相の会見やフィリピンのマッカーサーのもとに派遣した軍使・河辺虎四郎《かわべとらしろう》によって緩和しつつあると報告した。

天皇が何より憂慮したのは、ソ連や中国共産党の影響による「左翼分子」の動き、つまり共産革命への恐れだった。日本は古来、天皇を中心とした「一君万民」であるが、この言葉は外国には適用できないとして、国際的には「日本民主主義」の語を用いたらどうかとまで提案している。連合国軍の進駐を間近にして、明治憲法の改正も視野に入れなければ、天皇制の存続が難しいことを昭和天皇は認識していたのだ。

一方、八月末から、新聞・雑誌では、旧軍人の遠藤三郎、石原莞爾《いしはらかんじ》、ジャーナリストの石橋湛山《いしばしたんざん》らが平和を唱えている。特筆されるのは石原であろう。

満州事変の首謀者であった石原は、日中戦争の拡大に反対、東条英機《とうじょうひでき》と対立して予備役に編入されていた。八月二八日に読売報知で、次のような談話を残している。

「戦に敗けた以上はキッパリと潔く軍をして有終の美をなさしめて軍備を撤廃した上今度は世界の輿論に吾こそ平和の先進国である位の誇りを以て対したい。〔……〕世界はこの猫額大の島国が剛健優雅な民族精神を以て世界の平和と進運に寄与することになったらどんなにか驚くであろう」

八月三〇日。連合国軍最高司令官のダグラス・マッカーサーが、愛用のコーンパイプを片手に厚木飛行場におりたった。

九月二日午前九時、横須賀沖の軍艦ミズーリの艦上で降伏文書の調印式が行われた。重光外相が参謀総長の梅津《うめづ》美治郎《よしじろう》とともに日本全権として署名した。降伏文書は「「ポツダム宣言」ノ条項ヲ誠実ニ履行スルコト」を求めていた。

マッカーサーはこれを以て平和が回復されたと述べ、ここに連合国軍による日本の占領統治が幕を開ける。

平和国家確立の勅語

九月四日、敗戦後初めての帝国議会が開院した。午前一一時五分貴族院本会議場で、昭和天皇は大元帥としての軍服姿で立ち、勅語を読み上げた。

「朕ハ終戦ニ伴フ幾多ノ艱苦《かんく》ヲ克服シ国体ノ精華ヲ発揮シテ信義ヲ世界ニ布キ平和国家ヲ確立シテ人類ノ文化ニ寄与セムコトヲ冀《こいねが》ヒ日夜軫念《しんねん》措カス此ノ大業ヲ成就セムト欲セハ冷静沈着隠忍自重外ハ盟約ヲ守リ和親ヲ敦クシ内ハ力ヲ各般ノ建設ニ傾ケ挙国一心自彊《じきょう》息マス以テ国本ヲ培養セサルヘカラス」（傍点筆者）

この勅語は、戦後日本が「平和国家」をめざすことをはじめて内外に明らかにした。翌五日、新聞各紙は、こぞって一面で報じている。朝日新聞は「平和国家を確立」、読売報知は「平和国家確立の大業に」という大見出しだ。

ところが勅語の歴史的な意義はその後、長らく忘れ去られてきた。二一世紀に入って、その重要性を指摘したのが東京大学の和田《わだ》春樹《はるき》名誉教授である（和田春樹「戦後日本平和主義の原点」『思想』二〇〇二年一二月号）。

「天皇の勅語で「平和国家」という標語が打ち出されたことは、一九四五年当時新聞各紙が大々的に報じているのに、その事実がわが国の歴史家たちの後年の研究、書物や論文に一切とりあげられることがなく、国民的な記憶から完全に消されてしまったことは、大きな驚きであった」（和田春樹『「平和国家」の誕生』）

和田は著書『「平和国家」の誕生』で、勅語が戦後日本に及ぼした影響を詳述。経済学者で社会党の議員となる森戸辰男ら多くの知識人が勅語を引用していることを明らかにした。

二〇一七年に放送したNHKスペシャル「憲法70年　〝平和国家〟はこうして生まれた」の取材で、

和田にその意義を聞いた。

「戦後の日本がどういう方向に進んでいくかについて、これまでの日本の行き方は、戦争を中心にする戦争国家の道であったと否定して、今度は平和をめざして進む平和国家の道に立つのだと言ったのは大変なことです。天皇の勅語を受け入れて「平和国家」をめざせと論陣をはる知識人が現れます。新聞記者の丸山幹治《まるやまかんじ》と学者の森戸辰男が代表的です。


天皇の勅語に平和国家の確立とうたわれたことは、非常に根本的な意味を持ったと思います。その直後には人々の反応が弱かったのですが、一九四五年の秋から四六年の初めにかけては、勅語の提起が国民の議論を導いたのだと私は考えます」

発見された勅語の草案

では、この平和国家確立の勅語はどのようにして生まれたのか——。

二〇一六年一一月、ディレクターの梅原勇樹が国立公文書館で、その草案を発見した。二〇一七年一月四日に朝日新聞が一面で報道し、広く知られることとなった。

「第八十八回帝国議会開院式勅語案」は、第一案から第四案まである。赤字の修正が入り、推敲の末、第四案ではじめて「平和国家確立」の文言が生まれたことが分かる。

赤字の書き込みによれば、第一案は、漢学者で内閣嘱託の川田瑞穂《かわだみずほ》が書いた原案を佐藤書記官が訂正している。「光輝アル国体ノ護持ト国威ノ発揚トニ邁進セムコトヲ期セヨ」とされ、支配層がもっとも留意した国体護持がかかげられている。ところが、第二案では「光輝アル〔……〕発揚トニ邁進」

に赤線が引かれ削除される。「赤字ハ緒方書記官長」とあり、内閣書記官長の緒方《おがた》竹虎《たけとら》が手を入れたことがわかる。

国体の護持にかわって、「平和」の文字は第三案で初めて現れる。

「平和的新日本ヲ建設シテ人類ノ文化ニ貢献セムコトヲ欲シ」

欄外に赤字で「首相宮御訂正」とあり、首相の東久邇宮《ひがしくにのみや》稔彦《なるひこ》が書き込んだことがわかる。さらに第四案で、「平和的新日本ヲ建設」は川田瑞穂によって「平和国家ヲ確立」に直された。

ここに「平和国家確立」の勅語が誕生、九月一日の閣議で決定された。

和田春樹は草案の作成過程を次のように読み解く。

「勅語は最初、漢文学者の川田瑞穂さんに起草させました。川田さんは率直に言って新しい考え方を持っていない方ですから、最初の原案は、既成の考え方を寄せ集めたものでした。だから国体の護持も入っている。それを緒方竹虎内閣書記官長が見て、不必要な古いところを除いた。その後で東久邇宮首相が「平和的新日本」という言葉を入れた。東久邇宮は戦争に対して相当反省的な人でした」

八月一七日、辞職した鈴木貫太郎に替わって最初で最後の皇族内閣を組閣した東久邇宮稔彦。陸軍大学校を卒業後、フランスに留学し、戦時中は本土防衛の総司令官であった。

東久邇首相は、八月二八日の記者会見で、国体護持、言論結社の自由と並んで次のような方針を明らかにしている。

「今後我民族は共存共栄を旨として世界と共に大和繁栄の道を進みたい」。さらに記者団に対して、米、中、英、ソ連とも「親交を結ぶことによって日本民族の将来の平和的光明を見出したいと思う」

と答えている(朝日新聞一九四五年八月三〇日)。

和田は、勅語案の「平和的新日本」はこの方針をさらに発展させたと考えている。

「東久邇としてはこの際、平和的な新日本をうたうのがいいと入れた。そこで非常にまた面白いことは、川田さんが出てきて、「平和的新日本ヲ建設」はちょっと言葉が軽い、「平和国家ヲ確立」にした方が良いと修正した。今までの日本が戦争国家であって、これからは平和国家でいくということが川田さんの修正によって非常に明確になった」

議会開院の翌五日、東久邇首相は、施政方針演説で「世界の平和と進運に貢献することこそ、歴代の天皇が深く念とされた所である」と述べ、昭和天皇は一貫して「世界平和の維持」を念じていたとされた。同時に、国民にむけては有名な一億総懺悔を説いている。

「軍も官も民も総て、国民悉く静かに反省する所がなければなりませぬ」

この演説では、東久邇の「平和国家」の方針が世界に向けたメッセージであることも明らかになる。

「今日の敗戦の事実を甘受し、断乎たる大国民の矜持を以て潔よく自ら誓約せる「ポツダム」宣言を誠実に履行し、誓って信義を世界に示さんとするものであります」

ポツダム宣言は日本の非軍事化、民主化を求めていた。それに応え、平和国家、文化国家を建設すると世界に示すことがその狙いだった。

さらに東久邇は「国民思想の大転換の上にこそ〔……〕平和国家の確立も期待すること」が出来ると述べた(「第八八回帝国議会衆議院議事速記録」)。

こうして、未曽有の天皇制の危機に当たり、内外に向けて天皇が平和主義者であり、平和国家をめざすというメッセージが発せられたのである。

武備なき国家——宮沢俊義の構想

昭和天皇の「平和国家」の勅語にいちはやく反応した憲法学者がいる。東京帝国大学教授の宮沢俊義《みやざわとしよし》だ。宮沢は九月三日、まさに降伏文書調印の翌日から、三回にわたって戦後初の講義を始めている。題して「戦争終結と憲法」。

その講義ノートが、晩年、宮沢が教鞭を執った立教大学の図書館に残されている。ノートには、「平和国家の確立」と題した章があり、九月五日東京新聞に掲載された昭和天皇の勅語の全文が貼り付けてある。黄ばんだ切り抜きの横に宮沢はこう記している。

宮沢俊義（写真提供：毎日新聞社）

「ポツダム宣言は日本における平和主義の確立をその目的とする」「降伏により、わが国は今後の根本的国策として特に平和主義の確立を約束したわけである」（原田一明「宮沢俊義文庫㈠戦争終結と憲法」）

その後、政府の憲法問題調査委員会の委員となる宮沢が、平和国家建設の勅語に注目した意義は大きい。勅語は、宮沢を通じて政府の改憲構想に影響を及ぼしていくのだ。

宮沢俊義は、一八九九（明治三二）年、長野市に生まれた。東大法学部に学び、一九三四（昭和九）年、美濃部達吉《みのべたつきち》の後をつぎ、東大法学部教授となった。以後、一二年間、明治憲法を東大で教えてきた宮沢。戦後最初の講義にあたってこう記していた。

「わが全権が降伏文書に調印を了した記憶すべき昭和二〇年九月二日の翌日、ここに諸君の前に憲法の講義を再開すべき運命に置かれた私は実に万感胸に迫るを覚える。今教壇に立った私の頭には色々な記憶がはっきりと浮かんで来た」（原田前掲書）

太平洋戦争中、宮沢は、多くの若者を戦場へと見送っていた。一九四三（昭和一八）年の学徒出陣では雨の降る神宮外苑で若者たちと「海行かば」を歌った。特攻隊の出動の報をラジオで聞き、隊員に学部生が含まれていることを思い出し涙した。

そんな宮沢は、敗戦後の講義にのぞんで、「多大の苦痛と躊躇」を感じながらも、めざすところを掲げている。

「きわめて冷静に科学的に戦争終結と憲法——いや、もっと率直にいおうではないか——敗戦と憲法の干係《かんけい》について簡単に考察して見ようと思う」（原田前掲書）

ちなみに、この時期の聴講生には三島由紀夫や、東北大学教授として憲法学を教える小嶋和司がいた。

宮沢の講義ノートは、上智大学名誉教授の高見勝利や立教大学教授の原田一明が詳細に研究している（高見勝利『宮沢俊義の憲法学史的研究』、原田前掲書）。その研究成果をもとに、ポイントを整理してみよう。

まず宮沢が注目したのはポツダム宣言だ。「注意すべきは、ポ宣言は必ずしも国体を否認していないというだけで、決してこれを保障していないということである」。つまり、国民の「自由に表明する意思」に基づく平和的で責任ある政府が樹立されない場合は、宮沢は、「国体原理が否認される可能性は皆無でないと考えた」（高見前掲書）。

こうした認識に基づいて、宮沢は、ポツダム宣言が求めている民主主義の育成と戦争遂行の能力の破壊の検討を始める。宣言が求める武装解除が進めば、軍隊が解消し、徴兵制も廃止となる。明治憲法で定めた天皇の軍の統帥大権も存在理由を失う。すると日本はどうなるのか――。

結論から先に言えば、宮沢が掲げた新たな日本の姿は「武備なき国家」、つまり非武装の平和だった。

この構想に大きな力となったのが、平和国家確立の勅語だが、興味深いのは、宮沢が、同時にイギリスの哲学者バートランド・ラッセルの平和論を引用していることだろう。一九三六年に発表された“Which Way to Peace?”で、ラッセルは、イギリスが戦争を避けるためには、軍備を漸次解体し、もう絶対に戦争に参加せぬと宣言することが必要だと説いていた。戦前、宮沢は、この議論を「実現不可能である」としていた（宮沢俊義『東と西』）。しかし、敗戦後「新らしい興味を以て再読した」宮沢は、「真の世界平和が到来する為には軍備の廃止が必要」と力説するようになる。

「わが国は今次の降伏により図らずもラッセルが英国について主張したような武装解除を現実に行い、武備なき国家として国際場裡に生存して行くことになった。而《しこう》して今後の国是は平和国家の確立ということになった。此に於てか、わが国は全面的武装解除を実行した国家としてその範を世界に示し、ここにこそ、而してここにのみ真の世界平和への途が存することを世界に知らしむべきである。

我々が平和主義を採るのは単にポツダム宣言によって命ぜられたからであってはならぬ。平和主義がわが国の国是として唯一の正しいものであることの認識の上に立って之を採るのでなくてはならぬ。〔……〕プラグマチカリィに考えて見ても、既に原子爆弾のようなものが発明された今日〔……〕戦争を行うということはどう考えても無意味である。戦争に伴う「名誉」や「光栄」は捨てられるべきである。「勝利」の「名誉」を得るよりは、一人の飢えた赤〔ん〕坊に牛乳を確保する方が大切だという風に考えなくてはならぬ」(原田前掲書)

宮沢にとって、「平和国家の確立」とは、武備なき国家、非武装の平和であった。この目標を実現すべく、一九四五年の一〇月から翌四六年二月にかけて、宮沢は憲法問題調査委員会で、明治憲法の軍に関する規定を全面削除する案を提出していくことになる。一九四六年一月になると、森戸辰男ら多くの知識人が「平和国家確立」の勅語に触発されて平和構想を唱えていく。そんななかで宮沢の「武備なき国家」構想はその先駆けとなるものであり、なによりも政府の憲法改正案にも反映しようとした点で重要であった。

文部省の方針に

「平和国家の確立」は新たな国家目標として国民に浸透していく。大きな力となったのが、学校教育である。天皇の勅語からわずか一一日後の九月一五日、文部省が発表した「新日本建設ノ教育方針」に「平和国家ノ建設」が盛り込まれた。

戦争末期、学校教育は実質的にその機能を失っていた。学生は軍需工場や食糧増産に動員され、都会の子どもは空襲を避けるため学童疎開をさせられていた。敗戦の翌日八月一六日に、文部省は学徒動員を解除するよう通達。九月中旬から授業を再開するよう指示した。しかし、戦中の軍国主義から、戦後教育は何をめざすのか、教育現場の混乱が予想された。

こうした事態に備え、文部省が新たに示したのが「新日本建設ノ教育方針」である。冒頭ではつぎのように謳っている。

「世界平和ト人類ノ福祉ニ貢献スベキ新日本ノ建設ニ資スルガ為メ従来ノ戦争遂行ノ要請ニ基ク教育施策ヲ一掃シテ文化国家、道義国家建設ノ根基ニ培フ文教諸施策ノ実行ニ努メテイル」

続く「新教育ノ方針」では、「国体ノ護持」と共に、「平和国家ノ建設」が掲げられた。

「益々国体ノ護持ニ努ムルト共ニ軍国的思想及施策ヲ払拭シ平和国家ノ建設ヲ目途トシテ謙虚反省只管《ひたすら》国民ノ教養ヲ深メ科学的思考力ヲ養ヒ平和愛好ノ念ヲ篤クシ智徳ノ一般水準ヲ昂メテ世界ノ進運ニ貢献スルモノタラシメントシテ居ル」

軍国主義教育を一掃し、科学的思考と平和愛好を教育で重視していくことが求められている。

文部科学省は、その歴史を紹介するHP（学制百年史）で、次のように評している。

「これは占領教育政策の具体的な方針や指令が示される以前の、したがって総司令部がなんら関与しなかった日本側の教育方針として注目すべきものである」

「平和国家」という目標は、占領軍の押しつけではないというのだ。

その後、この方針が学校現場で浸透していったことは間違いない。というのは、三カ月あまり後の一九四六年の元旦、多くの子どもたちが学校の書き初めで「平和国家建設」をしたためているからだ。

後述するように天皇陛下も学習院初等科で「平和国家建設」の書き初めを残している。

こうしてGHQの占領政策が本格化する以前に、「平和国家建設」が国内に浸透していく。これにいち早く反応したのが知識人だった。

知識人に広がる「平和国家建設」

和田春樹は、著書『「平和国家」の誕生』のなかで、敗戦直後、一般の雑誌にあらわれる平和論を紹介している。まず『現代』一九四五年九月号が、巻頭に昭和天皇の勅語をのせた。そして、鎌倉円覚寺の住職・朝比奈宗源が「日本の再建」でこう述べている。

「私共は既に軍備の撤廃に応じた今日である。潔く力による抗争などはあきらめて、連合国の主張のよき理解者となり、世界平和建設への誠実なる協力者とならねばならない」

次いで一〇月号には、ジャーナリスト丸山幹治の「平和国家への道」が掲載された。丸山は、毎日新聞社客員で、政治学者・丸山眞男の父である。丸山は、皇室は常に平和を求めており、軍閥がこれをゆがめたと論じた。

「今や平和国家としての日本の再建は、世界の注目の的となっている。この際この秋、日本は、軍部、官僚を日本政治の中枢より去らしめ、正しい政治の出現を図ると共に、承詔必謹国体護持の一念に徹し、世界協調、万世に太平を開く──の御叡旨を体し、武器なき真の平和への道を直進せねばならぬ」

敗戦直後、昭和天皇の勅語をふまえて平和論を唱えた知識人で、注目されるのは矢内原忠雄《やないはらただお》である。一一月六日、七日、矢内原は、長野県東筑摩郡の広岡国民学校で教師たちに「平和国家論」と題した講演をおこなった。

「惨憺たる敗北であります。軍事的経済的のみでなく、道徳的に於ても我が国民は如何に脆弱であるかということを暴露しつつあるのであります」

こう語り出した矢内原は、講演の冒頭で昭和天皇の勅語を引いている。

「詔勅に言われた平和国家の建設ということは、日本国の理想を明かにして今後進んでゆくべき目標をお示しになったものと信ずるのであります」(矢内原忠雄『日本精神と平和国家』)

矢内原忠雄は内村鑑三の薫陶を受けた無教会キリスト者で、東大で植民政策を教えていた。一九三七(昭和一二)年、日中戦争が勃発すると、『中央公論』に発表した論文「国家の理想」の反軍・反戦思想が問題となり全文削除になった。さらに講演「神の国」では「速やかに戦を止めよ」と訴えて、東大を辞職に追い込まれた。そんな矢内原にとって敗戦後、軍国主義から民主主義へとなびく日本人は「背骨のない軟体動物の群」れだった。

矢内原は、この講演でドイツの哲学者フィヒテの「ドイツ国民に告ぐ」とカントの「永久平和論」を引用し、平和国家の建設のためには「新しい人間」を造るようにと説いている。

「我々には平和あるのみ。平和は絶対的要請であります。それ故に我々は日本人をば平和の人として造らなければならない」

平和国家はまず、「平和人の国」であり、「国民相互の生活が平和」であり、「国際間の平和」でなければならない、というのだ。

「我々が神を信じ、希望を以て平和国家の為めに起ち上るならば、日本が世界の光となるということは必ずしも空言ではありません」

そして武装解除された日本こそが「平和国家」を真剣に考え実現できる立場、道徳的優位にあるという。

天皇の勅語に触発された矢内原だが、その平和論は、非戦論を唱えた内村鑑三以来のキリスト教的なものと日本的なものが合体している。この講演でも、天照大御神が、須佐之男命の乱暴に対して、天岩戸に隠れた古事記の神話を「無抵抗主義の平和の態度」として取りあげ、こう論じた。

「平和国家の理想は決して木に竹を接ぐような〔……〕外来思想ではない」

台湾国立高雄第一科技大学の赤江達也が指摘するように、「矢内原の平和主義はナショナリズムと密接に結びついている」。

「一方で戦前の国体論的な要素を含んでおり、他方でキリスト教的な世界の理想とも結びついている。それゆえに、いわば戦前の国体論を、キリスト教を介して戦後の平和論へと転換させるような媒介的・中間的な位置を占めている」(赤江達也『矢内原忠雄　戦争と知識人の使命』)

矢内原の講演は、翌年の一九四六年一一月、一〇〇冊目の岩波新書として出版された。題して『日本精神と平和国家』。矢内原は日本国憲法が公布されると、これを受けてあらゆる戦争に反対する「絶対的平和論」を唱えるようになる。

昭和天皇の勅語は、教育現場、新聞・雑誌メディアで、軍事国家から平和国家への転換を決定的に印象づけた。しかし、この平和国家論は、唱道者が昭和天皇その人であったがために、もともと天皇は平和主義者であったとする論になりがちであった。それは、大元帥として戦争指導の最高責任者であった天皇の責任に目を向けなくなるという問題をはらんでいた。

昭和天皇と外国人記者の会見

同じ頃、海外では昭和天皇の戦争責任を問う声は強かった。一九四五年六月初旬のアメリカのギャラップの世論調査によれば、「戦後、日本国天皇をどうすべきであると考えますか」との問いに、厳しい声が寄せられていた。

殺害する、苦痛を強い、餓死させる……………三六％
処罰もしくは国外追放する………………………二四％
裁判に付し、有罪ならば処罰する………………一〇％
戦争犯罪人として処遇する………………………七％
不問に付す、上級軍事指導者に責任あり………四％
傀儡として利用する…………………………………三％
その他……………………………………………………四％
意見なし…………………………………………………一二％

合　計　……………………………………　一〇〇％
（山極晃・中村政則編『資料日本占領Ｉ　天皇制』）

昭和天皇を中心とする支配層は、こうした厳しい国際世論に対処しなければならなかった。国内で平和国家を掲げると共に、占領軍に対して非軍事化に協力する平和への意思を伝えようとする。

しかし、八月三〇日に厚木に降りたってから、連合国軍最高司令官ダグラス・マッカーサーは、当初、天皇との会見には慎重であった。

「天皇を総司令部に招き寄せてはどうか」という幕僚の勧めを、天皇を殉教者にしてしまうとして斥けた。

「いや、私は待とう。そのうちには、天皇は自発的に私に会いに来るだろう」（『マッカーサー大戦回顧録』）

九月二〇日、日本側から天皇来訪の意思が伝えられる。二日前、重光にかわって外相となったばかりの吉田茂が、ＧＨＱにマッカーサーを訪ね会談。天皇・マッカーサー会見が、九月二七日に実現することになる。

これに先立つこと二日、九月二五日、昭和天皇と外国人記者の戦後初めての会見が行われた。ニューヨーク・タイムズ社の太平洋方面支局長のフランク・クラックホーンである。彼は、天皇との会見をしたためた「回想録」を残していた。ＮＨＫスペシャルの取材班はアメリカ・シアトルに甥のロバート・クラックホーンをたずね、未公開の回想録を見せてもらった。

マッカーサーの進駐と同時に厚木飛行場に降りたったクラックホーン。横浜に向かう道で目にした光景が強い印象を残している。

「畑では農作業をしている女性がいた。我々が近づくと、慎重な様子で我々に背を向け、目を向けることすら控えた。小さな村へと近づくと、母親たちは、半裸の幼子たちを家の中へと入れ扉を閉めた。人っ子ひとり見られなかった。〔……〕恐れと憎しみの空気が漂い、初めての朝は、「異様」という表現が最も似つかわしかった。

横浜の郊外にたどり着くと、あっと驚く光景が見えた。見渡す限り、壁らしきものはほとんどなかった。〔……〕人影はほとんど見当たらなかった。みな、隠れていたからである。

後になって知ったのだが、「アメリカ人がやって来る。女性はみな、身を隠すように」という指示が、横浜市長によって出されていたのだ」

すぐさま東京に向かったクラックホーン。彼を宮中とつなぎ、天皇会見に導いたのは、元首相の近衛文麿であった。戦前の一九三四年六月、渡米した近衛を、クラックホーンは取材して記事にしたことがあった。近衛もクラックホーンを好意的に覚えていた。

「私は近衛に、インタビューに応じることはヒロヒトを助けることになり、会見が許されるならば、それは私であると説得した。私は、何かにかこつけては、毎日、近衛に会うようにした。〔……〕敗北した敵に寛大なマッカーサーに対して、アメリカの報道が反発しており、天皇の地位が危険であることを私は強調した」

近衛はクラックホーンの申し出に乗り気となったが、外相の重光は反対した。

近衛が「真珠湾攻撃は東条の独断であって、陛下は知らなかった、と云う趣旨を言明されて、之を通信する案を相談して来た」からだ。重光は、東条に責任を転嫁するようなことをすれば、国民の反発を招き、「国体の国内より崩壊を見る」と恐れていた(重光前掲書)。

しかし、九月一七日、重光にかわって吉田茂が外相に就任すると、一気に会見へと動き始める。吉田は、側近の白洲次郎《しらすじろう》らを通じてUP通信社社長のヒュー・ベイリーと天皇の会見も勧めさせる。九月二〇日にはマッカーサーを訪問し、外国人記者との会見の了承を得た。

フランク・クラックホーン

九月二三日、クラックホーンは外務省に呼び出されて「公式会見」を要望、マッカーサーに報告して許可を得た。

九月二五日、まず、午前一〇時にクラックホーンと、そして、午後四時にベイリーとの会見が行われた。場所は皇居の表拝謁の間。モーニング姿の天皇が先に入り、侍従長や式部官長と共に待っていた。クラックホーンは室外で敬礼した後、御前に進んだ。

「私は盛大な結婚式でバージンロードを歩く花嫁の気持ちがようやくわかった、と内心思った。〔……〕顔を上げると、その意外さに驚くような光景が私を出迎えていた。私は、緊張していたのも忘れた。きっと、見とれていたに違いない。〔……〕

というのも、ヒロヒトが、即席の玉座の前に立ち、震えていたのだ。体全体が、膝も腕も動き、頭はけいれんし、厚ぼったい唇は開いていた。

私は、二フィート〔およそ六〇センチ〕ほど離れたところで天皇と向き合う形で立ち止まった。まだ、ショックから立ち直っていなかった。天皇の震えは止まらず、私自身がそれまでに念入りに準備し、作り上げてきた畏敬の念が一切失われた。しかし、天皇が緊張によって苦痛に悩まされているに過ぎないということは、見てすぐにわかった。地味な縁のメガネの奥にあるその黒い瞳は、鋭く知性があった」

「天皇は、まず、伝統にならい、家族について私に尋ねた。私が、家族は元気だと返答すると、天皇は喜んでいるとのことだった。

次に、どこの出身かと尋ねられ、私は衝動的に「爆撃を受けたマニラです」と答えた。天皇は重々しく頷いたものの、他の感情は一切現さなかった。

その後、天皇は一〇分ほど会話を続けた。平和が訪れ喜んでいること、そしてマッカーサー元帥に喜んで協力すると述べた。日米の持続的な関係が極めて重要であると感じていて、そのためにはできる限りの努力をするつもりである。そして、日本の民主化を待ち望んでいる。

私は、マッカーサーと共に働くつもり、という発言や、ふと漏れたその他の言葉から、天皇が現実から隔離されてきたために、今では最高司令官の命を受ける立場にあることを知らないのだと推測した。私は、このことをその日のうちにマッカーサーの側近に伝えた。その二日後、マッカーサーは天皇をアメリカ大使館へ呼んだ」

昭和天皇は、平和を望み占領政策に協力するとクラックホーンを通してマッカーサーに伝えた。そしてあの有名な天皇・マッカーサー会見へとつながっていったのだ。

非武装の平和――幣原喜重郎の提言

クラックホーンは、会見に先立って質問書を提出しており、日本側から回答書を受け取っている。その回答書の控えが、二〇〇六年宮内庁書陵部で見つかった。長年、憲法制定過程を追い続けているジャーナリストの鈴木昭典によるもので、式部職作成の「謁見録」の中にあった。

回答書で、昭和天皇は日本の将来について社会構造と教育制度の変革が必要とされ、「立憲的な手続きを通じて表明された国民の総意に従い」実行されることを希望するとしていた。これに続いて平和への回答が示された。

「日本は教育と文明をたかめる平和的な貢献によって軍事力によることなく、やがて国際社会に正当な地位を再び占めることを希望しておられる」

そして、「陛下は最新武器の出現が将来の戦争をなくすとお考えになりませんか?」という質問には、こう答えていた。

「恒久の平和は銃剣または他の武器の使用によっては確立されるとは考えられない。平和問題の解決には、勝者敗者を問わず、軍備に依存しない自由な諸国民の和解が必要である」

昭和天皇は「非武装の平和」を提言していたのだ。

この回答書案を執筆したのが、戦前、協調外交で知られた幣原喜重郎である。

幣原喜重郎は、一八七二(明治五年)年、現在の大阪府門真市の豪農の家に生まれた。門真市立歴史資料館には、江戸時代の幣原家の文書が展示されている。門真一番下村の庄屋をつとめ、天保期になると持ち高六〇石の地主であった。

幣原家があった現在の一番町の一角は、いま小さな公園となり、吉田茂揮毫の記念碑が建てられている。すぐ近くに淀川水系の古川が流れている。かつては低湿地で、たびたび水害に襲われることから、人々は「段蔵《だんぐら》」と呼ばれる石垣の上に築いた蔵で備えていた。いまも、記念碑の近くに段蔵が一軒残っている。

一八八五(明治一八)年、淀川の洪水で幣原家は多くの資産を失った。しかし、喜重郎の父・新治郎は、財産を売り払っても子どもたちに立派な教育を授けようとする。その甲斐あって、長男の坦《たいら》は歴史学を研究して台北帝国大学の総長に、長女の操は保育園を設立するなど社会事業に力を入れ、次女の節は大阪府で最初の女医となった。

教育熱心な幣原家にあって、次男の喜重郎は、東大法科を卒業後、外交官となる。ワシントンやロンドンで開かれた海軍軍縮会議で活躍。民政党内閣で外相となり、米英との協調に重点をおいた、いわゆる幣原外交を展開する。

しかし、幣原は軍部から「軟弱外交」として批判されることになる。一九二七年三月、蔣介石《しょうかいせき》の国民革命軍が日英米の領事館を襲った南京事件では、制裁ではなく、英米と協同して平和的な解決をめざした。当時、蔣介石の北伐が始まっていた。幣原は中国の統一を見通して不干渉を唱えたのだが、

幣原喜重郎と孫の隆太郎

これが軍部の反発を招く。中央大学の服部龍二教授によれば、「幣原の持論は、信頼関係の確立を第一義とした正直な外交だった」(服部龍二『増補版　幣原喜重郎　外交と民主主義』)。

一九二八年、田中義一《たなかぎいち》内閣は山東半島に出兵し、国民革命軍と衝突、済南事件を引き起こした。こうした武力で中国に干渉する田中の外交を幣原は痛烈に批判した。

「外交の本質は権謀術数ではない〔……〕一時の功を奏したる権謀術数も、何日かは其国の為に重大なる禍を来すことがあるものと覚悟しなければなりませぬ」(幣原喜重郎「外交管見」前掲書所収)

幣原が憂慮するように日本の関東軍は、張作霖《ちょうさくりん》爆殺事件、そして満州事変と謀略によって中国東北部への進出をはかり、日本は国際的な孤立の道を歩んでいくことになる。そして満州事変後、若槻内閣の退陣と共に政界を去った。

その後も幣原の情勢の読みは的確であった。太平洋戦争の前夜、一九四一年七月、日本が南部仏印進駐を行うと、近衛首相に「これは大きな戦争になります」と中止を進言したが、容れられなかった。しかし、戦争末期、吉田茂が和平工作に奔走したのに対し、幣原は「和平工作などは一切無駄」として政治的に動くことはなかった。

敗戦直後、クラックホーンへの回答書で「非武装の平和」を説いた幣原の真意はどこにあったのか

――。

国民学校一年生まで、幣原とともに暮らした孫の幣原隆太郎（八〇歳）が健在である。戦時中、千駄ヶ谷の幣原邸は軍部によって動静を監視され、事実上の軟禁状態だった。鳥打ち帽にステッキで庭を散歩し書斎にこもっている姿が記憶に残っているという。

「特に陸軍は嫌いでしたね。陸軍が結局、横暴だったと。何でも精神主義で科学を無視して突き進むと。

祖父は英米派の親玉みたいだったので、動きがとれなかったんだろうと思う。外務省から秘密の書類みたいなものはね、ときおり回ってきたんじゃないか。というのは、自分で庭の焼き場で火をつけて燃してました。しょっちゅう燃していたから、外務省からきたものですかね。証拠が残っちゃいけないから、すべてを無くして灰にしちゃえばいいということですね」

五月二五日の空襲で幣原邸も焼け、多摩川の近くの東山農事農場に疎開した。

そして迎えた敗戦――。当時、国民学校一年だった隆太郎は幣原の心中をこう推理する。

「とにかくほっとしたと思いますよ。米英と戦えば勝てっこないと思っていた。どんどん負けてきて、これは大変なことになったと思ったところで、戦争が終わった。もうしめたということだったでしょうね」

そんな幣原がしたためたのがクラックホーンへの回答の原案だった。協調外交を掲げながら、軍に批判され官界を去った幣原。ポツダム宣言の非軍事化を受けて、非武装の平和を構想したのである。

幣原は九月二日に「終戦善後策」という私見をまとめている。そこには、「連合諸国の我国に対すする信頼の念を深からしむること」、「我国は国際情勢の機宜を逸せず、我に有利なる新局面の展開を図ること」があげられていた。クラックホーンへの回答書は、国際的に日本が民主的な平和国家で再生することを明らかにしようという幣原の意図が込められていた。

東条に責任を転嫁

幣原の回答書は、いま「幣原男爵案」として『木戸幸一関係文書』に見ることが出来る。末尾の註に「昭和二〇年九月二五日付で外務大臣秘書官より内大臣宛送付されたもの」と記されている。つまり、幣原案は、吉田茂外相が目を通し内大臣の木戸幸一に会見の当日に届けさせたのである。

しかし、宮内庁書陵部に残る回答正文には、真珠湾攻撃について重大な追加が行われていた。

「陛下は宣戦の詔勅は東条が利用したように、これを利用さるべきだとお考えでしたか？」

この質問のあとに次の一文が追加されていたのだ。

「答え　宣戦の詔勅は東条が利用したように、これを利用させることは意図しておられなかった」

誰が付け加えたのか――。故松尾《まつお》尊兊《たかよし》京都大学名誉教授は次のように推理している。

「あえて憶測すれば、この会見の発起人で、真珠湾攻撃の責任をもっぱら東条にかぶせようとしていた近衛が中心となって修正したのではあるまいか」（松尾尊兊「戦後史秘話　米国人記者会見　昭和天皇は真珠湾攻撃の責任を東条元首相に転嫁した」）

当時、国際世論は真珠湾奇襲攻撃を非難し、昭和天皇の戦争責任を問う声が強まっていた。こうしたなかで、近衛文麿や木戸幸一らは「東条がたえず天皇に戦争突入を迫り続けていた」などと説明していた。近衛らによって、東条のくだりが回答に付け加えられた可能性は高い。

しかし、それは思わぬ結果を生むことになる。ニューヨーク・タイムズは九月二五日付の一面トップの見出しで「裕仁、記者会見で東条に〔真珠湾〕奇襲の責任を転嫁」と報道したのだ。天皇が開戦の責任を東条英機元首相に転嫁しようとしているという論調だ。重光葵が恐れていた事態である。

もちろん、記事の全体を読めば、天皇がイギリスの立憲君主制を手本として平和に貢献したいと語ったことが報じられてはいる。しかし、見出しの持つインパクトは大きかった。

九月二九日、クラックホーンの記事が日本国内の新聞に掲載される時になって、内閣情報局は「日本国民に悪影響をもたらすであろう」として掲載紙を差し押さえてしまう。GHQが介入して差し押さえは解除されるが、内閣情報局の卜部敏男《うらべとしお》は「天皇陛下は伝統として個人に対する非難をしないはずだ」と記事を批判した。この時、卜部は幣原の回答原案をしめしたが、追加修正された正文ではなかった。松尾は「情報局はこの修正を経た正文を知らなかったのであろう」としている。

これに対し、タイムズ紙は一〇月二日付紙面で記事は正確だと反論した。新たに公開された宮内庁所蔵の回答正文をみると、タイムズ紙の主張が正しいことがわかる。

クラックホーンとの会見は、戦争責任の問題では、日本側の意図とは裏腹に負の結果をも、もたらしたのである。

昭和天皇・マッカーサー会見

外国人記者との会見の二日後――。九月二七日午前一〇時。マッカーサーと昭和天皇の会見が行わ

マッカーサーと昭和天皇
（写真提供：共同通信社）

れた。冒頭、写真撮影が行われ、その後二〇分にわたってマッカーサーが内外情勢について持論を滔々《とうとう》と語った。

この会見の最も信憑性の高い記録は奥村勝蔵の「「マッカーサー」元帥トノ御会見録」である。

まず開戦については本意でなかったことが語られる。

「コノ戦争ニツイテハ、自分トシテハ極力之ヲ避ケ度イ考デアリマシタガ、戦争トナルノ結果ヲ見マシタコトハ、自分ノ最モ遺憾トスル所デアリマス」

ついで平和への意思が語られる。

「今後ハ平和ノ基礎ノ上ニ新日本ヲ建設スル為、私トシテモ出来ル限リ、力ヲ尽シタイト思ヒマス。

マ元帥　ソレハ崇高ナ御心持デアリマス。私モ同ジ気持デアリマス。

陛下　ポツダム宣言ヲ正確ニ履行シタイト考ヘテ居リマス〔……〕」

昭和天皇は、勅語で明らかにした平和への意思をマッカーサーに直接伝えた。クラックホーンとの会見と同様の趣旨を天皇は述べている。

松尾尊兊が指摘しているように、クラックホーンとの会見は、二日後に行われた昭和天皇・マッカーサー会見の「予行演習」だったのだ。マッカーサーはすでに外国人記者の会見で披瀝されていた昭和天皇の意思を本人より聞き、占領政策に天皇が協力することを確認したのである。

開襟シャツのマッカーサーと並んだモーニング姿で直立不動の昭和天皇。二人の写真は新聞の一面を飾り、日本国民に誰が新しい支配者なのか強く印象づけた。ところが、山崎巌《やまざきいわお》内相は皇室の尊厳を傷つけるとして発禁処分にし、GHQを激怒させた。

一〇月四日、GHQは人権指令を出す。戦前の治安維持法や特別高等警察が廃止され、共産党員をはじめとする政治犯が釈放される。東久邇内閣は総辞職に追い込まれた。

一〇月九日、あらたな首相に幣原喜重郎が任命される。組閣の日、幣原を囲んだ新聞記者の中には「まだ幣原さんは生きていたのかね」と漏らすものまでいた。マッカーサーですら、吉田茂に「馬鹿に年寄りだな……英語は話せるのか」と尋ねたほどであった。幣原は実は無類の英語の使い手であったのだが……。敗戦が七三歳の幣原を再び歴史の表舞台へと引き戻したのだ。憲法改正へ向けた新たな動きが始まろうとしていた。

第2章　昭和天皇の憲法改正調査

昭和天皇、憲法改正調査を命ず

二〇一四年九月に公開された『昭和天皇実録』。宮内庁の公文書や側近の日誌など、およそ三〇〇〇件に上る資料を基に、二四年余りかけて編纂された。昭和史の基礎資料として注目され、昭和一八年から二〇年を扱った第九巻は、二〇一六年九月に東京書籍より刊行された。

その記述で目を引くのが、憲法改正調査に早くから乗り出していた昭和天皇の姿だ。敗戦から一カ月後、九月二一日に着手していたことが分かる。

「御文庫に内大臣木戸幸一をお召しになり、一時間余にわたり謁を賜う。内大臣は拝謁後、内大臣秘書官長松平康昌《まつだいらやすまさ》に憲法改正問題につき調査を依頼する」

当日の『木戸幸一日記』を見ると「十時四十分より十一時四十五分迄、御文庫にて拝謁。十二時半、松平秘書官に憲法改正問題につき調査を依頼す」とある。

第1章で述べたように、昭和天皇は八月二三日、重光葵外相より、ポツダム宣言の受諾が、民主化、なかんずく憲法改正をも伴うことを伝えられていた。

九月一八日には法制局でも第一部長の入江《いりえ》俊郎《としお》が「終戦と憲法」と題した文書をまとめ、憲法改正問題の検討を始めていた。軍の廃止とポツダム宣言によって天皇の統帥大権など削除が必要な明治憲法の規定をあげていた。

そんななか、憲法改正について天皇は、早くから調査を命じていたのだ。後年、木戸幸一はその意図を次のように述べている。

「終戦後、私が最も心を労した問題は憲法改正であった。陛下は此の問題については可成早くから拝謁の折々に御話があって、私は「如何に対処すべきかにつき種々と考えて居りますが、未だに確信ある御答は申上られません」と申上る外ないのであった。

我国の憲法は欽定憲法であり、これが改正は天皇の命によりて始めて出来ることになって居る。然し終戦後の世論の動きから見て、憲法を此儘にして置くことの出来ないことは明かであると共に、此度の改正が天皇御自身の手で行うことの不可能なることも略《ほぼ》見透せるところであった。

そこで私としては、将来憲法改正の問題が現実の問題として取上げらるるに当って、外部の如何なる機関が取扱うにしても、天皇としても既に此問題について研究して居られ、如何なる程度に之を整すべきかについて研究して居られたと云う事蹟だけは残して置きたいと考えて居た」(『木戸幸一関係文書』)

高見勝利が指摘するように、これは天皇の「改正発議者としてのアリバイ証明工作」だった。「天皇としては、これから先、どのような形で憲法改正がなされようと、欽定憲法の主体として「憲法改正」を自ら検討していた痕跡だけは留めて置きたいと考えていた」のである(高見勝利「「平和国家ノ確立」から「平和憲法の公布」まで」)。

木戸幸一は明治の元勲、木戸《きど》孝允《たかよし》の孫で、太平洋戦争の直前、内大臣として東条英機を首相に推薦するなど昭和天皇の信任が厚かった。その木戸が、改正調査を託したのが東久邇内閣で国務相だった元首相の近衛文麿である。

近衛文麿、憲法改正に動く

京都市の北西、仁和寺の近く、こんもりとした林の中に陽明文庫がある。近衛文麿が設立した歴史資料館で、五摂家の筆頭である近衛家伝来の古文書、古美術品など十数万点が保存されている。ユネスコの「世界の記憶」に登録された「御堂関白記」もある。

ここに近衛文麿の手帳が残されている。文庫長の名和修の立ち会いの下、テレビカメラの撮影を初めて許された。小さな手帳は、大正末から晩年の昭和二〇年に及んでいる。

昭和二〇年九月のスケジュール欄には、「一九日三時UP社長」「二二日UP記者」「二六日三時Kerry〔ニューヨーク・ヘラルド・トリビューン東京特派員〕」とあり、天皇と外国人記者の会見に向けて精力的に動いていた近衛の姿が浮かび上がる。さらに九月二三日には「三時　高木八尺《たかぎやさか》」とある。高木は東京帝国大学教授でアメリカ政治の研究者であった。実は近衛は憲法改正に向けて動き出していたのだ。

敗戦直後、近衛に憲法改正を勧めたのは政治評論家の岩淵辰雄である。

岩淵は一八九二(明治二五)年、宮城県に生まれ、早稲田大学中退後、国民新聞、読売新聞の政治部記者として活躍。そして、一九四五年の初め、岩淵は戦争終結を提案した「近衛上奏文」の執筆に加わった。岩淵は吉田茂らとともに憲兵に検挙され、拘留された。

出獄後、敗戦を迎えた岩淵は三つのことをやろうと思ったという。

「一つは憲法を改正すること。そのポイントは大権事項を削る。日本で天皇が大権を行使した歴史というものはない。むしろその大権というものは、側近の茶坊主的な重臣や軍人によって私された。その結果がこういう戦争になった。そうして日本を亡ぼしたんだな。天皇というものを、政治から切り離すことが必要だ」(『改造』一九五二年四月増刊号)

明治憲法では、軍の最高指揮権である統帥権は天皇に属し、一般国務から独立していた。いわゆる統帥権の独立である。陸軍はこれをたてに独走し、日中戦争から太平洋戦争へと破滅の道をつき進んだ。戦前、岩淵は陸軍省詰め記者として、陸軍内部の統制派と皇道派の派閥抗争を取材。満州事変以来の日本の中国侵略が統制派の独走によるものとして厳しく批判していた。岩淵は軍の独走を招いた統帥権を天皇から取りあげる必要を痛感していた。

岩淵は憲法改正を唱えたが、獄中で親交を結んだ吉田茂は頑強に抵抗した。

一人近衛だけが賛成した。

「皇室を維持することができるなら、どんな条件でも受け入れたい」

共産革命を何よりもおそれていた近衛は、この時、国体護持のためにはいかなる条件をも飲む覚悟であった。岩淵は、近衛に助言した。

「マッカーサーに会って、戦争中からの日本の国内事情を説明しろ」

こうして、近衛はマッカーサーを訪ねることになる。陽明文庫に残る手帳、一〇月四日の欄には

「五時マッカーサー」と記されていた。

マッカーサーと近衛文麿

一〇月四日午後五時、近衛にお堀端にある第一生命ビルにあったGHQ本部を訪ね、マッカーサーと会談した。会談は、アメリカ側がマッカーサーの他にGHQ政治顧問のジョージ・アチソン、参謀長サザーランド、日本側は近衛と通訳の奥村勝蔵の五人である。

奥村によると、近衛は今日の破局を導いた元凶は、軍閥勢力と左翼勢力の結合によるものという独自の見解を示した後、こう述べた。

「政府の組織及議会の構成に付何か御意見なり御指示があれば承り度《たし》」

近衛の問いかけに、マッカーサーは決然たる口調でこう答えたという。

「憲法は改正を要する。改正して自由主義的要素を十分取入れなければならない」

そして、近衛への期待を語ったという。

「公は所謂封建的勢力の出身ではあるが「コスモポリタン」で世界の事情にも通じて居られる、又公は未だ御若い。敢然として指導の陣頭に立たれよ、若し公が其の廻りに自由主義的分子を糾合して憲法改正に関する提案を天下に公表せらるるならば議会も之に蹤《つ》いて来ることと思う」(「近衛国務相、「マックアーサー」元帥会談録」)

近衛の側近だった富田健治が後年、憲法調査会で証言したところでは、マッカーサーは憲法改正の提案を天下に公表し、改正案をクリスマスプレゼントにしたいとまで言ったという。あきらかにマッカーサーは近衛に自由主義勢力の中核として憲法改正に取り組むよう促している。

四日後の一〇月八日夕刻、近衛は高木八尺や側近の牛場《うしば》友彦《ともひこ》、松本重治《まつもとしげはる》とともにジョージ・アチソンを訪ね、憲法改正案について聞いた。GHQのアチソンは具体的な改憲の方針まで近衛に伝えた。議院内閣制、枢密院の改革、人民の基本的権利の保障、軍部大臣の文官制、改憲手続きの人民の参加などがその骨子だった(細川護貞『細川日記』)。

近衛はその足で、午後五時半、木戸を訪ね、アチソンとの面談の模様を伝えた。木戸はこう記している。

「此儘となし荏苒《じんぜん》時を過す時はマ司令部より改正案を突付けらるる恐れあり、之は欽定憲法としては耐え難きことなる故、速《すみやか》に善処の要ある旨交交《こもごも》論ぜらる。容易ならざる問題故、充分の考慮を約す」(『木戸幸一日記』)

このまま、荏苒つまり、なす事もなく日を過ごせば、GHQ側から改正案を押しつけられる危険性があるというのだ。憲法改正案の作成が急を要することを近衛と木戸は認識した。

ただ、憲法改正は本来、内閣の仕事である。翌九日、木戸は首相に就任したばかりの幣原喜重郎と憲法改正問題を協議した。しかし、幣原は「極めて消極的にして、運用次第にて目的を達す」という姿勢だった。それでも、木戸は次のように懸念を伝えた。

「只米国は其説明にては満足せず、何となれば彼は自己の手にて日本の憲法を自由主義化せりとの政治的意図を有するが故に、結局、改正を強要せらるべし」(同前)

幣原は答えた。
「武力にて敵する能わず、其の場合、之を記録に留めて屈服するの外なし」(同前)
木戸は、それでは欽定憲法にとって由々しい問題になると憂慮した。そして、昭和天皇から憲法改正問題についてしばしばご下問があるので、近衛を中心に調査に乗り出すことを伝えた。幣原から「異存なき旨の返答」を得た。
憲法九条の幣原発案説を考えるとき、ここでの幣原の改憲への消極姿勢は押さえておかなければならない事実である。幣原はクラックホーンへの回答案では「非武装の平和」を提案したが、改憲には消極的だった。

一〇月一〇日、昭和天皇は憲法改正の調査を近衛に命じる。
「内大臣木戸幸一をお召しになり、憲法改正問題の経緯をお聞きになる。また内大臣より公爵近衛文麿に憲法改正の調査を命じられたき旨の願い出を受けられ、これを御聴許になる」(『昭和天皇実録』)
翌一一日、近衛は昭和天皇に拝謁。天皇は「ポツダム宣言の受諾に伴う大日本帝国憲法改正の要否、及び仮に改正の要ありとすればその範囲等につき、調査を御下命」になった(同前)。そして、近衛と京都帝国大学教授の佐々木惣一が内大臣府御用掛に任命された。佐々木は、吉野作造と共に民本主義を唱えた憲法学者で、滝川事件で京大を追われていた。近衛が京大在学中の恩師であり、戦争末期の近衛の和平工作にも関わっていたこともあり、憲法改正案の起草を託されたという(松尾尊兊「敗戦前後の佐々木惣一」)。

ところが、同じ頃、近衛とは別のチャンネルで、憲法をめぐる新たな動きが始まろうとしていた。

幣原内閣の憲法問題調査委員会

近衛が内大臣府御用掛を拝命した同じ一〇月一一日。

午後五時、新任の挨拶に訪れた幣原首相にマッカーサーは語った。

「『ポツダム』宣言の実現に当りては日本国民が数世紀に亘り隷属せしめられたる伝統的社会秩序は是正せらるるを要す右は疑いもなく憲法の自由主義化を包含すべし」

ここに「憲法の自由主義化」が日本政府に示されたのである。

続いてマッカーサーはいわゆる五大改革指令を伝えた。婦人参政権の付与、労働組合の結成奨励、教育制度の自由主義改革、秘密警察の廃止、経済機構の民主化である。

そもそもマッカーサーを中心とするGHQは、憲法改正についてどのような方針で臨んでいたのだろうか。

GHQ民政局で憲法草案に携わったミルトン・J・エスマンは二〇一五年、九六歳で亡くなった。生前、二〇〇七年に、NHKスペシャル「日本国憲法　誕生」の取材班は、アメリカ・ニューヨーク州に彼を訪ねた。エスマンは、一九一八年ピッツバーグ生まれ。一九三九年、コーネル大学の政治学部を卒業後、一九四二年、プリンストン大学で政治学と行政学の博士号を取得した。当時は二七歳の若きスタッフだった。

エスマンによれば、GHQの最大目標は日本の非武装化と民主化であり、明治憲法の抜本的な改正が必要と考えていたという。

「明治憲法は改正されるだけでは足りず、解体される必要がありました。新たな憲法が設けられ、その新憲法は、主権は国民にあること、民主政府やより民主的な社会の基盤を成すべきものでなければならない、というのだ、私たちの意見でした。それが必ず達成されるべきという一般合意はあったものの、いつから着手するか、具体的にどのように達成するのか、計画はありませんでした」

民主化について、ポツダム宣言には次のように記されていた。

「自由に表明される日本国国民の意思にもとづいて、平和的志向を有し、かつ責任ある政府が樹立されたときは、連合国の占領軍はただちに日本国から撤収されるものとする」

憲法改正についても、日本国民の自由な意思に基づくことが前提となっていた。GHQは当初、日本国民の中から憲法改正の動きが出てくることを望んでいた。そのため、マッカーサーは近衛とともに幣原に憲法改正を示唆した。そして、人権指令により、憲法改正をめぐる在野の議論が活発化するよう促したのだ。

とはいえ、改憲に前のめりの近衛とは対照的に、当初、幣原は消極的だった。

GHQの民主化要求に対し、幣原はアメリカ流の民主主義ではなく、自国の環境に適合した「日本的「デモクラシー」」を作るべきだと答えていた。

しかし、一一日、幣原が閣議で近衛の改憲調査を説明すると、「憲法改正は国務なるが故に内閣にて着手すべきものなり」という声が強かった。閣議での反発を受け、二日後の一〇月一三日、幣原は閣議で憲法問題調査委員会の設置を決める。

委員長に任命されたのは国務大臣の松本烝治《まつもとじょうじ》。松本は一八七七(明治一〇)年生まれ。東大法学部卒業後、東大教授を経て、満鉄副社長、法制局長官、貴族院議員と要職を歴任した。頭が良くて自信家というのが衆目の一致したその人物評だった。そして顧問には清水澄《しみずとおる》(学士院会員)、美濃部達吉、委員には宮沢俊義をはじめ憲法研究の第一人者をそろえていた。

一〇月二五日、松本は次のようにのべた。

「この調査会は学問的な調査研究を主眼とするものであるから、若し改正の要ありという結論に達しても直ちに改正案の起草に当るということは考えていない」

委員会はあくまで憲法改正が必要かどうか調査するのが目的であった。

GHQの示唆を受けて、近衛と幣原、二人のもとで憲法改正の調査がはじまった。しかし、内大臣府と内閣、二つの憲法改正調査が平行したことが後に紛糾をもたらすことになる。

近衛文麿の改正案

近衛や松本らが憲法改正に向けて動き出したことは新聞で大きく報道された。一〇月一三日には朝日、毎日、読売の各紙が一斉に憲法に関する社説を掲げたが、多くは憲法改正が天皇の「思召」であることを強調していた。朝日新聞では美濃部達吉が、附属法令の改正や運用で「憲法の民主主義化」は可能であると主張した。天皇機関説で、戦前、右翼の攻撃を受けた美濃部だが、明治憲法の改正の必要はないとしていた。

政府の憲法改正作業は、松本を軸とする委員会と近衛を中心とする内大臣府御用掛の二つが平行する形となった。しかし、両者の反目は当初からあらわになっていた。松本は「内大臣府の作業は権限外であり、抗議すべきである」と主張。一〇月一六日、宮沢俊義は毎日新聞で、「憲法改正は国務であり、政府が行うべきである」と批判した。内大臣府による研究は立憲的ではないというのである。

この対立は一一月一日、GHQの声明によって決着がついた。「近衛は憲法改正のためにGHQが選任したのではない」「東久邇内閣の総辞職により近衛とGHQの関係は終焉したのであり、GHQは近衛を全く支持していない」

近衛は梯子をはずされた形となった。なぜ、GHQは近衛を見捨てたのか。

アメリカ国内で近衛は戦犯の疑いがあり、憲法改正の主導権を渡すのは適当ではないという声が強まっていたからである。一〇月二四日付ワシントン・ポストは、近衛は軍部に反対しなかったので、改憲担当者として「最悪の男」と批判。ニューヨーク・タイムズやニューヨーク・ヘラルド・トリビューンの社説も近衛の改憲に批判的だった。

GHQは近衛の戦犯容疑を取り調べていたが、一一月五日、厳しい報告書が提出されていた。E・H・ノーマンの「戦争責任に関する覚書――近衛文麿」である。ノーマンは日本近代史の研究者として知られたカナダの外交官で、アメリカ太平洋陸軍に派遣され、臨時に対敵調査情報部(CIS)の調査分析課課長に任じられていた。ノーマンは、日中戦争の継続、ファシスト支配の過程の促進に近衛は責任があるとし、「かれが憲法起草委員会を支配するかぎり、民主的な憲法を作成しようとするまじめな試みをすべて愚弄することになるであろう」としている。「淫蕩なくせに陰気くさく、人民を恐れ軽蔑さえしながら世間からやんやの喝采を浴びることをむやみに欲しがる」と、ノーマンの近衛評は辛辣である(ハーバート・ノーマン『ハーバート・ノーマン全集　第二巻　日本政治の封建的背景』)。

ノーマンは、戦前に弾圧された民主主義勢力の権利回復に尽力していたが、他方で近衛を中心とする戦前からの保守支配層には厳しい目を向けていた。

アチソンは、間違った相手に憲法改正を促したことに途中から気付いたのであろう。一〇月四日の近衛との会見で、マッカーサーが「日本政府の行政機構を改革するべき」と言ったのを「憲法は改正されるべき」と通訳が誤訳したのだと苦しい言い訳をしたが、これは事実ではない。

一一月九日、さらに近衛に追い打ちをかけたのが、アメリカ戦略爆撃調査団の尋問だった。アメリカ側は日中戦争勃発時、首相だった近衛の責任を追及してきたのである。対米開戦の責任のみを考えていた近衛には予想外のことで、尋問後「私も戦犯で引張られますね」と述べたという。

こうして政治的に追い込まれながらも、近衛は憲法改正案の作成を急いだ。佐々木惣一は、箱根宮ノ下の奈良屋旅館にこもって草案作成をすすめ、近衛も小田原の別荘から毎日のように訪れ討議を重ねた。

この頃、近衛が憲法と民主主義について記したメモが、昭和二〇年の手帳に残されていた。

■民主主義ノ意味　二種
一、国民主権ト云フ意味ニ於テノ民主主義即憲法上
　国ノ主権ガ国民ニ属スルト云フ主義　カヽル意味
　ノ民主々義ト国体ハ絶対ニ相容レナイ

二、憲法ノ主権ト関係ナク実際ノ政治ガ
民意ニ従テ決セラレルト云フ意味ニ於テノ民主主義
君主ガ民ノ心ヲ以テ心トシ国民多数ノ意向ニ
従テ国政ヲ行ハルヽコト即
君民一致ハ我国体ノ精華ノ発揮スル所以

近衛は、GHQの民主化要求を受け止めながらも、主権在民は、国体、天皇制と相容れないと考えた。そして「君民一致」、つまり民意に基づく天皇統治を構想していた。

一方、昭和天皇は、近衛の改憲調査の進捗状況を気にかけていた。一一月二〇日、侍従次長・木下道雄の『側近日誌』には、そんな天皇の姿が記されている。

「聖上は、近衛公の奉答を御待ち遊ばさるること切なる様拝せらる。しばしば御下問あれども昨夜迄は何等確報を得ず」

ただし、この天皇の督促は、「GHQから絶縁され、内外の新聞に評判の悪い、戦犯指名直前にある近衛と早く縁を切りたかった」からだと松尾尊兊は見ている。近衛は一〇月下旬に外国人記者の質問に対して、「昭和天皇の退位もありうる」とほのめかして問題となり、否定に追われた。そのことも、天皇が近衛を見限る原因になったと分析している(松尾尊兊「敗戦前後の佐々木惣一」)。

しかし、昭和天皇自身、憲法改正案がどのようになるのか、知りたいという意向は強かったと考えられる。

政治的に追い詰められつつあった近衛だが、一一月二二日、御文庫で昭和天皇に拝謁。憲法改正の必要があるとしてその「要綱」を奉答した。

「帝国憲法ノ改正ニ関シ考査シテ得タル結果ノ要綱」である。

第一に「天皇統治権ヲ行フハ万民ノ翼賛ニ依ル旨ヲ特ニ明ニス」とあり、手帳に記された「君民一致」の方針が示されている。続いて「天皇ノ憲法上ノ大権ヲ制限スル……」とし、天皇の陸海軍の統帥権を削除、修正する必要があるとしている点が注目される。さらに、「臣民ノ自由ヲ尊重スル」として、外国人の権利規定にまで言及している。明治憲法の枠組みを残しながら、アチソンの提案を受け、天皇の大権を制限する方針を奏上しているのである。

その二日後、佐々木惣一が昭和天皇に拝謁。「帝国憲法改正ノ必要」と題する文書を奉呈し、一時間三〇分あまりにわたって進講した。一〇〇条からなる改正案は国体を残しながら、民主的な条項を入れ込もうとしている。

近衛の要綱で示された天皇大権については、次のように述べている。

軍の統帥、組織の大権は専ら帷幄《いあく》機関の輔佐によりこれを行い国務大臣の職務に属していなかったが軍の統帥及び組織も国務であることを特に明記する

一、宣戦、講和、条約締結は時機に投じ敏速を必要とする考えから天皇の大権事項であったが今次戦争で明らかな如く軍は統帥権の独立を唱え帷幄上奏により聖明をふさぎ今日の悲運を招いた、こ

の宣戦、講和、条約締結は帝国議会の協賛を経て行い民意に諮る
一、その他の大権事項も帝国議会の協賛を経て行う

統帥権の独立が軍の独走を招いた反省から、天皇大権を制限しようとしている。さらに佐々木の手になる一〇〇条の条文には、松尾尊兊が指摘するように、近衛の要綱にはない重要な条文も含まれていた。

第二四条では、生存権がつぎのように規定されている。

「日本臣民ハ法律ノ定ムル所ニ依リ人間必需ノ生活ヲ享受スルノ権利ヲ有ス」

さらに第三五条では「学問芸術及教育受授ノ自由」、第三八条では国家賠償請求権が規定され、さらに「地方自治」が新たな章をもうけて規定されていた。

近衛の改正案について、憲政史家で獨協大学名誉教授の古関彰一《こせきしょういち》は画期的な意味を持っていたという。

「近衛の元には高木八尺という英米、アメリカ政治の専門家がついています。高木はジョージ・アチソン政治顧問といろいろやり取りをして、アメリカの国務省の考え方を引き出します。その中で明治憲法と同じようなことではダメなんだというポツダム宣言の考え方が高木に分かり、近衛に伝えています。ですから近衛の案は、決して民主的とは言えないけれども、天皇制の改革を含めた案を作っています。その後、政府の憲法問題調査委員会の中心であった松本烝治の案を見ますと、それは明治憲法そのものです。この違いですね。

そういう意味では近衛案は、かなりアメリカ側の意向を知った上で作られている。それに対して、その後にできた日本政府の案は、まったくGHQともアメリカ本国政府とも交渉も持たずに作っている。この違いは大きかったと思います。結果的にはGHQから憲法問題調査委員会の案は拒否されますけれど、これはまったくの想像ですが、仮に近衛案が出ていたならば、議論の余地があったのではないかとすら、私は思っています。そういう意味では今、冷静に読んでみますと、あらためて近衛案の持った意味はあったと思います」

挫折した昭和天皇の改憲調査

しかし、近衛の改正案は日の目を見なかった。近衛の奉答と同じ日の一一月二二日、内大臣府は廃止された。一一月二六日、昭和天皇は幣原首相に近衛の要綱を下げ渡し、「首相の考える如くしかるべく取り計らうよう」命じた(『昭和天皇実録』)。しかし、近衛案を幣原内閣の憲法問題調査委員会が参考にすることはなかったのである。

その後、近衛と木戸には、厳しい運命が待ち構えていた。極東国際軍事裁判、東京裁判の開廷を前に戦犯容疑者の逮捕が続いていたが、一二月二日、皇族の梨本宮守正《なしもとのみやもりまさ》に、そして近衛と木戸に逮捕命令が下された。一二月六日にはアメリカ検事団が来日し、八日、東京千代田区の明治生命ビルに国際検察局が設置され、被告の選定作業が始まる。

一二月一六日、巣鴨拘置所への出頭当日、近衛は東京杉並区の荻外荘《てきがいそう》で青酸カリによる服毒自殺を遂げた。享年五四。

近衛が最期を迎えた荻外荘は当時、善福寺川をのぞみ武蔵野の林が点在する地にあった。いま、国の史跡として整備が計画中だ。自決した一二畳の部屋が残されている。

近衛の死によって、昭和天皇の命により始まった憲法改正調査は挫折した。

皇族の梨本宮、木戸や近衛にまで逮捕命令が出たことで、昭和天皇の戦争責任が問われかねない切迫した状況である。天皇の関心は、東京裁判対策へ向かっていく。梨本宮の逮捕に衝撃を受けた一二月四日、側近の木下道雄は次のように記している。

「戦争責任者について色々御話あり。右は非常に重要なる事項にしてかつ外界の知らざる事あり。御記憶に加えて内大臣日記、侍従職記録を参考として一つの記録を作り置くを可と思い、右御許を得たり」（前掲『側近日誌』）

宮中では内大臣木戸幸一の日記や、侍従職が天皇の行動を記録したものを元に、天皇と戦争の関わりをまとめておこうとする動きが始まっていた。興味深いのは『側近日誌』のこのあとの記述である。

「尚、改正憲法について、条文中に、天皇は世界平和の確立、人類福祉の増進を期する事を挿入するを可とせずやと申上げしに、それは上諭文に入るれば格別、条項の中に入るれば却って問題を惹起するに至らんとの御言葉あり」

木下は、平和国家の確立を改正憲法の条文に入れることを提案したのだ。しかし、昭和天皇は自らの記録に纏めるにとどめ、憲法の条文に入れることはかえって、問題を生むとして斥けている。

このあと、木下ら天皇側近は、来たる東京裁判で天皇の戦争責任をどのように弁護するのか、対策に乗り出していく。それは、翌年三月から四月にかけての『昭和天皇独白録』作成につながっていく。

では、近衛の憲法改正案は、その後の政治過程に何らの影響も持ち得なかったのだろうか——。近衛の死の五日後の一二月二一日、佐々木惣一の改正案が近衛案として毎日新聞に掲載された。見出しは「統治権は万民翼賛」とあり、社説は「微温に過ぎる憲法改正案」と批判的であった。「今日のわが国が文字どおりの革命に際会していることを彼〔近衛〕は実際に知らなかったといえる。憲法改正に非ずして新憲法の制定とさえ考えてよいくらいの今日なのである。もしこの近衛案を基礎にして立案するならば〔……〕わが日本を正しい民主政治の軌道に乗せることは出来ない」

近衛案は現実政治のなかで活かされることはなかった。むしろ、近衛の改憲作業が新聞などメディアで報じられたことが、大きな意味があった。近衛を批判するなかで、政府の憲法問題調査委員会だけでなく、各政党や民間から多くの憲法改正案が提案されていくのである。

つぎに、民間の憲法草案を見ていくことにしよう。

第3章　広がる「平和国家建設」

憲法研究会の草案——平和思想

近衛の改正案が毎日新聞に発表されて一週間後の一二月二八日。全く新しい憲法改正案が新聞各紙の一面で報じられた。民間の憲法研究会による「憲法草案要綱」である。毎日新聞の見出しは大きく「統治権の主体・国民」とあった。

草案は、第一条で「日本国の統治権は日本国民より発す」と主権在民を謳っていた。そして「天皇は国民の委任により専ら国家的儀礼を司る」とされ、象徴天皇に近い考え方が示されていた。さらに人権規定、男女平等、一日八時間労働など労働者の権利、生存権をも規定した画期的な草案であった。

憲法研究会には民間の憲法学者・鈴木安蔵を中心に、近衛のブレーンだった岩淵辰雄、東京帝国大学教授の高野岩三郎、森戸辰男らが加わっていた。一九四五年一一月から一二月にかけて五回の会合を重ね、議論の末に生み出した憲法改正案だった(その活動の詳細は、拙著『日本国憲法誕生——知られざる舞台裏』で詳述したので、興味のある方は同書を参照されたい)。ここでは平和主義を中心に見ていこう。

「憲法草案要綱」には次のような条文があった。

「国民は民主主義並平和思想に基く、人格完成、社会道徳確立、諸民族との協同に努むるの義務を有す」

「平和」という言葉を憲法改正案に盛り込むよう主張したのは、ジャーナリストの馬場恒吾《ばばつねご》だった。馬場恒吾は一八七五(明治八)年、岡山県に生まれ、東京専門学校(早稲田大学の前身)政治科などに学んだ。渡米して日本紹介の英文紙オリエンタル・レビューの編集長を務め、一九一三(大正二)年に帰国後、英字紙ジャパン・タイムズの編集長に就任。その後、徳富蘇峰《とくとみそほう》の国民新聞に迎えられて外報部長、政治部長、編集局長などを歴任。普通選挙運動などに尽力し、リベラルで国際的な視野をもった評論家として活躍した。

しかし、日中戦争の頃から軍部ににらまれ、次第に事実上の執筆禁止の状態に押し込められた。二度も憲兵に引っ張られた経験もあった。息子の馬場道中によれば、戦争末期、幡ヶ谷の自宅を空襲で失った時、「何もかもなくなってしまったな」と深いため息をついたという。

そんな馬場に敗戦は新しい活躍の場を与えた。疎開先の信州綿内《わたうち》から上京、活動を再開した馬場は『新生』創刊号で「平和主義」を強調した。

「日本は戦争に負けた。併し日本国民は立ち上がらなければならぬ。

〔……〕民族は生きなければならぬ。そして、将来は平和愛好国の有力なる一員として、平和と自由の世界を建設する為めに日本民族の真価を発揮せねばならぬ」

「われく〳〵は涙を拭い去って平和と自由の道へ驀進する」(馬場恒吾「政治談義——この喪心状態を奈何」)

馬場は、憲法研究会で鈴木を中心に作られた要綱にだいたい賛成しながらも、平和について独自の提案をおこなった。

「自分の疑問として例えば、国家が存在しておって、しかも国際平和が十分に確立されないというときには、民主主義というものは賛成できないのだ、今度の戦争の場合をみてもそうなんだから、なんとか国際平和を確立するようなそういうことを、憲法自身で定められないか」

こうして憲法研究会の案では平和思想を規定した。さらに条文の後半に「人格完成、社会道徳確立、諸民族との協同に努むる」ことを国民の義務とした。この条文は鈴木安蔵によれば、社会学者の杉森孝次郎が加えたという(鈴木安蔵『憲法学三十年』)。

鈴木は後にこう回想している。

「『戦争放棄』の条項については、憲法研究会ではなんらの主張も出なかった。もちろん今後の世界平和は、〔……〕一同共通の主張であり、とくに平和の確立なくしては人権保障その他民主主義の発展は不可能であることは会員のなかからも強く力説されたところである」(鈴木安蔵『憲法制定前後』)

この平和思想の条文は、日本国憲法の平和主義につながる重要な一条であった。

GHQは分析する

憲法研究会の草案は、発表後すぐにGHQにより英訳され、分析された。

憲法学者の原秀成の大著『日本国憲法制定の系譜一　戦争終結まで』によれば、まず、同盟国翻訳通訳部(ATIS)による翻訳が一二月三一日、「報道の翻訳」第五七四号に掲載された。新聞発表のわずか三日後である。次いでGHQ顧問アチソンの下で働いていたロバート・フィアリーが翻訳分析し、翌一九四六年一月二日にはワシントンのバーンズ国務長官に内容が伝えられた。アチソンは次のように報告する。

「この草案は、リベラルだという評判の高い民間人の意見を代表していること、およびこのグループは政府から承認されていないことを認識すべきです。政府の提案は、あらゆる点から見て、本質的にきわめて保守的なものになるでしょう」

近衛と接触して憲法改正を促し、やがて切り捨てたアチソン。同じ頃、憲法研究会の動きも摑んでいたのだ。

さらに詳細な分析を行ったのが、民政局法規課長マイロ・E・ラウエル陸軍中佐である。ラウエルはスタンフォード大学、ハーバード・ロースクールに学び、当時GHQの中で数少ない明治憲法の研究者でもあった。

終戦後、来日したラウエルは鈴木安蔵の論文集など多くの文書に目を通し、憲法改正の検討を始めていた。かねてから憲法研究会に注目していたラウエルは、翻訳を入手すると直ちに分析に取りかかった。

ラウエルはこの時の経緯を一九七二年、歴史学者デイル・M・ヘレガースのインタビューで語っている。アメリカ・ミズーリ州インディペンデンスにあるトルーマン・ライブラリーに、その録音テープが残されている。

「私個人は、その民間の草案に感心しました」

「民間グループにより提出された憲法に私は感心したのを覚えています。大きな一歩の前進となったと私は思いました。意識的であろうと潜在的であろうと私は間違いなくその影響を受けています」

「民間の草案要綱を土台として、いくつかの点を修正し、連合国最高司令官が満足するような文書を作成することができるというのが、当時の私の意見でした。憲法の制定を私は期待していました。ほかのだれもが同じようにきっと期待していたと思います」

憲法研究会の草案に高い評価を与えたラウエル。一九四五年の暮れから正月休み返上で、詳細に分析し報告書にまとめ、一月一一日、ホイットニー准将の承認を経て、マッカーサー直属のサザーランド参謀長に提出された。そこにはこう結論づけられていた。

「ここに含まれている条文は民主的で受け入れられる」

ラウエルは特に自由主義的だと高く評価できる条文を列挙しているが、平和思想については言及されていない。

その後、ラウエルはGHQ民政局が憲法草案を作成する際、運営委員会の中核メンバーとして活躍することになる。その際、憲法研究会の草案を参考にしたと一九七二年のインタビューで答えている。

――憲法研究会による具体的な言葉の選択に、あなたはなんらかの影響を受けましたか?

言葉の選択についてはそれほどではありませんでしたが……。

――憲法研究会の草案が、民政局で回覧されることはありましたか?

特に民政局で回覧されることはありませんでした。ハッシーやケーディス、またこの分野(憲法草案)にいっそうの関心を寄せていたスウォープやその他の人々……とにかく行政に関心のある者はみな、おそらくそれを目にしていたはずです。

「間違いなく」憲法研究会の草案に影響を受けたと語るラウエル。ＧＨＱは日本政府だけでなく、民間の憲法草案にも目を配り、その動向を注視していたのだ。

各政党の憲法草案

敗戦の年の一九四五年後半から四六年にかけて、多くの憲法草案が発表された。明治の自由民権運動とならんで、日本人の手で次々に憲法草案が生みだされた時代だった。

一〇月四日の人権指令によって政治活動を再開した各政党も憲法草案を明らかにしていく。敗戦後、合法政党となった日本共産党は、一一月一一日に「新憲法の骨子」を発表した。冒頭で「主権は人民に在り」としていた。しかし、共産党はその後、民主革命を優先させ、憲法草案を発表するのは翌年の六月になってからであった。

日本共産党に続いて起草作業に取りかかったのは日本自由党である。旧立憲政友会系の議員を中心に、一一月九日には鳩山一郎を総裁、尾崎行雄、美濃部達吉らを顧問として結成。憲法改正特別調査会を設置した。委員には、後に吉田内閣の憲法問題担当国務大臣となる金森徳次郎もいた。

鳩山は、その基本精神を結成大会で述べている。

「天皇制の護持、プロレタリアートの独裁政治の排撃、ならびに私有財産の維持のために死力を尽くさなければならない」

日本自由党は一九四六年一月二一日、「憲法改正要綱」を発表した。

「一、統治権の主体は日本国家なり

二、天皇は統治権の総攬者なり」

天皇条項は明治憲法とほとんど変わらなかった。ただし、天皇の大権は大幅に制限され、思想、言論の自由について「法律の留保」を廃止するなど進歩的な面もあった。

一一月一六日に旧立憲民政党系で、翼賛議員をあつめて日本進歩党が結成され、翌年二月一四日に「憲法改正問題」を発表した。その案は「一、天皇は臣民の輔翼に依り憲法の条規に従い統治権を行う」の条文に象徴されるように天皇主権が前提とされ、国民を臣民と呼ぶなど保守的な内容であった。

こうしたなかで、平和主義を考える上で注目されるのが、日本社会党の改憲案である。

九月二二日、東京、蔵前工業会館で結党の準備委員会が開かれ、一〇月一五日、日本社会党の党名と綱領が決定された。そこには、民主主義の確立、社会主義の断行と並んで平和が謳われていた。

「わが党は一切の軍国主義的思想、及び行動に反対し、世界各国民の協力による恒久平和の実現を期す」

さらに外交については以下の五箇条が示されている。

「一、秘密外交の打破、国民外交の展開

二、ポツダム宣言に基く国際的義務の履行

三、国際安全保障機構、並びに国際労働機構への参加、国際地位の回復

四、世界各国の社会主義政党、その他無産階級団体との提携

五、世界の軍備撤廃、圧政と搾取なき世界恒久平和の確立」(『日本社会党史』)

綱領で外交について詳細に掲げたのは、社会党だけである。この綱領を起草したのは原彪《はらひょう》である。原は一八九四(明治二七)年、岡山県に生まれ、東大法学部で吉野作造に学んだ。一九二八年法政大学教授となり、政治学・政治史を講じていた。

原は、敗戦の年の八月一五日から一〇月一五日まで日記を残している。それによれば、八月一五日、早くも「芦田均《あしだひとし》君政党結成の私案を掲示」とあり、西尾末広《にしおすえひろ》、加藤勘十《かとうかんじゅう》らと会い、新党結成へ向けて動いていたことがうかがえる。日記には芦田、鳩山一郎、片山哲、そして侯爵・徳川義親《とくがわよしちか》らを中心とする左右入り乱れての政党準備の情報が記されている(秋山久解説「原彪日記」『週刊エコノミスト』一九九三年)。

そんな原の憲法観は一九四六年一月末に雑誌『自由』に発表された「憲法改正問題私案」にみることができる。原は、明治時代、国会開設を求めた自由民権運動にふれ、明治憲法が欽定憲法といっても「国民世論の要望に応えて制定されたのである」とした。そして過去数十年、日本の為政者が「全体主義国家に接近し〔……〕自らドンキホーテ式の大東亜戦争という国家破滅の大博打を打った」と批判。「国民の思想、感情の自然にして自由な流露であるべき憲法が全面的に検討されることも当然と謂わざるを得ない」と改憲を主張する。

さらに、憲法改正調査を進めていた近衛と憲法問題調査委員会、「何れも微温的であって、この重大事を処理すべき見識も気魄も情熱もない、官僚式の責任遁れな遣り方」と厳しく批判。近衛や木戸の戦争責任を指摘している。

そして「日本の民主主義化及び将来平和国家日本の建設という目的と照合して現在の帝国憲法の改正」を判定すべきと訴えた。原は「国民の考えが何処にあるかを何を措いても問わねばならぬ」としている（原彪遺稿刊行会編『原彪』）。

原が「平和国家日本の建設」を改憲の目的としていることが注目される。

日本社会党は、一九四六年の一月に憲法起草の委員会を設けるが、そこには、原彪、憲法研究会に参加していた高野岩三郎、森戸辰男が加わっている。ほかに片山哲、鈴木義男、海野《うんの》晋吉《しんきち》、黒田《くろだ》寿男《ひさお》、中村高一《なかむらたかいち》、水谷長三郎《みずたにちょうざぶろう》、松岡駒吉が委員に名を連ねた。

二月二三日に社会党の「新憲法要綱」が発表された。

「一、方針　新憲法を制定して民主主義政治の確立と、社会主義経済の断行を明示す

二、方法　総選挙後の特別議会においては特に会期を延長し、新憲法に当たることとす、これを憲法議会とす

三、目標　平和国家を建設するを目標とするを以て、従来の権力国家観を一掃し、国家は国民の福利増進を図る主体たることを明かにす」

要綱の三番目で「平和国家の建設」を目標に掲げている。

政党の憲法改正案で「平和国家の建設」を標榜したのは、社会党だけである。同年七月に、社会党は帝国議会の憲法改正案小委員会に、森戸辰男、鈴木義男、西尾末広、三人の衆議院議員を送り込み、鈴木は平和愛好を第九条に盛り込むよう主張していく。それは社会党の結党時からの方針であった。

なお、天皇制については、社会党の改正案では左右の妥協がはかられた。民主主義政治の確立を掲

げながら、主権と統治権の条項では、天皇と国民がともに統治する「君民同治」となっていた。
「一、主権　主権は国家(天皇を含む国民協同体)に在り
二、統治権　統治権は之を分割し、主要部を議会に、一部を天皇に帰属(天皇大権大幅制限)せしめ、天皇制を存置す」

森戸辰男の「平和国家の建設」

社会党の新憲法要綱に先だって、起草委員会の一人、森戸辰男が雑誌『改造』に「平和国家の建設」と題する論文を発表している。『改造』は戦時中、横浜事件の弾圧を受け、一九四四(昭和一九)年に廃刊となっていた。一九四六年一月、復刊の巻頭に森戸の論文は掲載された。ここで森戸は戦後日本がめざすべきは、「戦争できぬ」国家ではなく「戦争をせぬ」国家であるとして、具体的な政策としての「平和国家」論を展開している。戦後日本の「平和国家」論として画期的なものだ。

森戸は一八八八(明治二一)年、広島県に生まれ、東大経済科を卒業、同大学助教授となった。しかし、一九二〇年「クロポトキンの社会思想の研究」が新聞紙法の朝憲紊乱《ぶんらん》の罪に問われ、東大を追われていた。いわゆる森戸事件である。

その後、森戸は大原社会問題研究所に入り、ヨーロッパに留学。娘の檜山洋子によれば、帰国後、戦時中は特高の監視下にあったという。疎開先の栃木で釣りをして過ごした日々は、敗戦をきっかけに一変した。玉音放送を聞くや妻の岸子は「こんなところにいてはいけない。貴方にはやることがある」と弁当を作って東京に送り出したという。

森戸は論文「平和国家の建設」を次のように始めている。

「我国を「平和愛好国民」たらせようとするポッダ《ママ》ム宣言に照応して、吾々もまた終戦を機会に「太平を万世に開く」決意を新に表明した。平和国家の建設は戦勝国が我国に命令した運命の一路であるに相違ないが、それはまた、かような事態のもとに、戦敗国日本が自ら選んだ救国の活路であり、建国の大道であるとも考えられるのである。

だが、この平和国家ということは、戦敗国として我国のおかれた屈辱的な状態を美化するための形容詞にすぎないものであって、実は、時節が到来すれば、何の束縛もなく一擲《いってき》されるべき仮りの姿ではないか。それとも、それは我国が新時代に興隆して行くために、真実の国家の姿として全力を傾けてその建設に邁進すべきものであるか。これこそ敗戦が吾々に提出した最も重大な問題であった。その解決如何に我国全将来がかけられていると云っても過言ではないのである」

ポツダム宣言から、終戦の詔書、そして天皇の勅語を受けて、森戸は、「平和国家の建設」の目標は、敗戦を美化するためではなく日本の将来構想だとしている。そして、それは、「人類が久しい間抱懐してきた」「大理想の実現」だというのである。

森戸はまず、平和国家には、「戦争できぬ国」と「戦争を欲せぬ国」の二つがあることに注意せよと述べる。敗戦国の日本は現在「戦争できぬ国」であり、連合国の目的も「戦争無能力国家」にすることである。しかし、それは「奴隷国家」にすぎない。日本は「戦争を欲せぬ国」をめざすべきだという。それは「みずから武力を持つ持たぬに係わりはなく、自己の発意と確信において平和を選び、国民の全道徳力をあげてその実現に努力する国家にほかならない」。

森戸は「戦争を欲せぬ国」の三要件として、独立自由の国家、平和を追求する国家、平和主義の信奉者をあげる。そして、過去の「武装の平和」は間違っていたと指摘。平和国家建設の基礎作業として、①民主主義の確立、②社会主義経済の建設、③文化革命の推進、の三つを掲げている。

そして、平和は一国家だけではなしえず、国際的に「平和攻勢」を展開すべきだという。それは、敗戦によって弱小国となった日本の歴史的使命だというのである。

「軍国主義国家の建設によって全世界の悲惨と禍害の因となった吾々は、全世界の祝神たるべき平和国家と世界平和の建設のために、その全力全能を発揮すべき責務を負うているのである。そしてそこにこそ、重大な罪過にたいする吾々の懺悔があり、将来に約束された吾々の光栄が横たわっているのではあるまいか」

森戸の論文は、過去の軍国主義を反省し、「平和国家の建設」を戦後日本の未来構想として、社会主義の観点から積極的な意味づけを行った点で重要である。そして、ここで示された考え方は、七月衆議院の憲法改正案小委員会で、鈴木義男や森戸自身によって主張されていくことになる。

天皇陛下の書き初め

一九四六(昭和二一)年元旦、天皇のいわゆる「人間宣言」が出された。詔書で昭和天皇は、天皇を現御神《アキツミカミ》とするのは架空の観念であると述べ、自らの神性を否定した。同じ日、マッカーサーはこの詔書に対する声明を発表し、天皇が日本国民の民主化に指導的役割を果たしたと高く評価した。

人間宣言は冒頭に明治維新の「五箇条の御誓文」を掲げ、次のように宣言している。

「徹頭徹尾文明ヲ平和ニ求ムルノ決意固ク、克ク其ノ結束ヲ全ウセバ、独リ我国ノミナラズ全人類ノ為ニ、輝カシキ前途ノ展開セラルルコトヲ疑ハズ」

同じ元旦、一二歳だった天皇陛下は「平和国家建設」という書き初めをしたためている。この事実に最初に注目したのは、マサチューセッツ工科大学名誉教授のジョン・W・ダワーである。その著『敗北を抱きしめて』で書き初めの写真を紹介している。

「敗戦直後にもっとも流布した標語は「平和国家建設」と「文化国家建設」であったが、これは「建設」と「文化」という戦時中の代表的な宣伝文句を復活させて、民主主義と反軍国主義の国家をつくりあげようという掛け声に仕立てあげたものであった。全国の子供たちが、習字の時間にこの言葉をくりかえし書いたが、幼い皇太子・明仁でさえも、この字を練習した」

天皇陛下による書き初めの写真
（アメリカ国立公文書館蔵）

私たちはアメリカ・メリーランド州の国立公文書館で、この書き初めの写真を確認した。アメリカ陸軍通信部隊が撮影したアルバム。昭和天皇、幣原首相、戦犯容疑者となった東条英機などと共に、学習院の授業風景、そして書き初めの写真が残されていた。

その裏側には次のように記されていた。

「これは一二歳の日本の皇太子継宮明仁の書の複写写真である。彼は一九四六年、生徒である東京の学習院で書いた。“kakizome”(書き初め)で新年の意。(一九四六年一月一七日)」

天皇陛下は一九三三(昭和八)年の生まれで、当時、学習院初等科六年だった。前年一九四五年の元旦の書き初めは「敵国降伏の春」であった。陛下は、戦局が厳しくなると、沼津御用邸から日光の田母沢御用邸に疎開され、終戦の詔勅は日光・湯元温泉の南間ホテルで聞いた。元学習院御用掛の高杉善治は、側近から聞いた陛下の姿をつぎのように記している。

「ラジオの前にきちんと正座して聞いておられた殿下は、急に目を閉じ、頭を深く垂れ身動きもせずじーっとお聞きになっておられたが、しっかり握りしめられた両手はかすかにふるえ、目がしらには涙があふれ光っていた」(高杉善治『天皇明仁の昭和史』)

この日、陛下は「新日本の建設」という文章を書いている。玉音放送を聞いて「非常に残念に思い」、敗戦は「国力が劣っていたためと、科学の力が及ばなかったため」としている。

「これからは団体訓練をし科学を盛んにして、一生懸命に国民全体が今よりも立派な新日本を建設しなければなりません」(木下道雄『側近日誌』)

陛下御自身は、一九九〇年三月、学習院初等科の校舎建築の五〇周年にあたっての「おことば」で、この書き初めについて語っている。

「この校舎に戻ってまいりましたのは、終戦の翌年だったと思います。その時に、習字の時間に平和国家建設、文化国家建設ということを書きました。これは今でも大変印象深く残っております」

天皇陛下は、戦後半世紀を経ても、「平和国家建設」を鮮明に記憶している。陛下は太平洋戦争の激戦地への慰霊の旅を続けているが、その原点に敗戦の体験があった。

現在、この書き初めは宮内庁に残されており、二〇一四年、「天皇皇后両陛下の八〇年」と題した写真展で公開・展示された。歴史学者の和田春樹はこれを目にして、自身も書き初めで「太平の春」と書いたことを紹介している。「太平」とは、言うまでもなく、終戦の詔勅「万世ノ為ニ太平ヲ開カム」から採られている(和田春樹『「平和国家」の誕生』)。

多くの小学生が「平和国家」「太平」と新しい年にしたためた。それは前年の九月一五日に文部省が発表した「新日本建設ノ教育方針」にもとづくものであった。こうして一九四六年初めまでに「平和国家の建設」は広く国民に浸透していったのである。

第4章　戦争放棄は誰が提案したのか

ペニシリン会談

皇居のお堀をのぞむ第一生命ビル。一九四五（昭和二〇）年、進駐軍により接収され、六階西南の角にあった第一生命社長室はGHQ連合国軍最高司令官ダグラス・マッカーサーの執務室となった。今も、広さ五四平方メートルの部屋にはイギリス・チューダー王朝風の内装や調度品が残されている。

一九四六年一月二四日の正午、ここで、憲法第九条の起源を考える上で、のちに大きな論議を呼ぶこととなる会談が行われた。

幣原首相がGHQにマッカーサーを訪ね、通訳をつけず三時間にわたって会談したのだ。前年の暮れ、幣原は首相官邸に籠もって天皇の「人間宣言」の英文原稿を執筆したが、急性肺炎にかかった。マッカーサーは当時貴重だったペニシリンを贈り、その薬効で幣原は回復した。その御礼を述べるために訪れたのだ。そうしたいきさつから「ペニシリン会談」とも呼ばれるこの会談で何が話されたのか――。

この会談の一次資料は存在しない。幣原とマッカーサーから後年、聞き取りした記録や回想録からうかがうしかない。しかし、その伝聞が時間を経るに従い、変化している。そのため、諸説乱れ飛んで、論議を呼んできたのだ。

羽室メモ

日本側の聞き取りで最も古いものは、「羽室メモ」である。これは幣原の友人で枢密顧問官をつとめた大平駒槌《おおだいらこまつち》が、幣原から聞いた話を娘の羽室ミチ子に口述し、後年記録したものである。大平は大阪中学校の寄宿舎で幣原と知り合って以来、親交を結んだ生涯の友だった。一九五八年九月、政府の憲法調査会会長・高柳賢三が娘の羽室ミチ子に幣原とマッカーサーとの関係について尋ねたのが機縁となり、世に知られるようになった。

「羽室メモ」は、大平の孫娘の竹峰寛子・角元友子《かくもとともこ》が大切に保管している。黄ばんだ大学ノートに鉛筆で縦書きで記されている。

二人によると、メモを作成した羽室ミチ子は当時二〇代で、父・大平の秘書役を務めていた。幣原の談話記録は最初、手帳に書き留めていたが、一九四六年六月、柳行李ごと盗難に遭い失なわれた。しかし、一九五五年三月、ミチ子が若い世代に伝えておきたいと、メモを作成した。

「三、四年かけて正確を期するために何度も晩年の祖父〔大平〕のもとに足を運んで、これでよかったか、こうだったかと確かめながら、書き進めた」。羽室ミチ子は、亡くなるまで「私の記憶には間違いはない」と語っていたという。

「脚色ではなく、事実を伝える。解釈は読んだ人によって違うかもしれないけれど、事実はこうだったということを残したい。私たちにはとにかく憲法を大事にしなさいということを常々言ってました」

羽室メモに記されたペニシリン会談の経緯は次のとおりである。

「マッカーサーに　自分〔幣原〕は生きている間に　どうしても天皇制を維持させたいと思うが　協力してくれるかと〔マッカーサーに〕たずねた」「彼は　本国〔アメリカ〕においても　天皇制は廃止すべきだとの強力な意見も出ているが　占領するにあたり　一発の銃声もなく　一滴の血も流さず進駐出来たのは　全く　日本の天皇の力による事が大きいと　深く感じているので　天皇を尊敬し　又　日本にとって　天皇は必要な方だと思うから　私は　天皇制を維持させる事に共力《ママ》し　又　その様には努力したいと考えていると　返事した」「そこで　幣原は　更に　天皇の事について色々説明をし殊に　人間天皇の勅語を出されたいきさつや　平和主義者でいられる事も　強調して　説明をした。これを　だまって熱心に聞いていたマッカーサーは　出来るだけの事は　協力したいと　云ってくれた」「つゞいて　あれこれ話をしているうちに　僕は　かねて考えていた　戦争を世界中がしなくなる様になるには　戦争を放棄すると云う事以外にない　と考えると云う事を　話し出したところがマッカーサーは急にたちあがって　両手で手をにぎり　涙を目にいっぱいためて　その通りだ　と云いだしたので　幣原は　一寸　びっくりしたと云う　しかし　マッカーサーも長いひさんな戦争をみつゞけているのだから　身にしみて　戦争はいやだと　思っていたのだろう」「幣原は　さらに　世界から信用をなくしてしまった日本にとって　戦争を放棄すると云う様な事を　ハッキリと世界に声明する事　それだけが　日本を信用してもらえる　唯一のほこりとなる事じゃないだろうか　と云う様な事も話して　大いに二人は共鳴して　その日はわかれた」

「羽室メモ」によれば、幣原の最大の関心事は、天皇制の維持であり、この点についてマッカーサーから同意を得たことが会談の成果であった。しかし、注意しなければいけないのは、幣原は「戦争の放棄」は提案しているが、憲法については言及しておらず、「戦力の不保持」も述べていないことである。つまり、理念としての戦争の放棄は述べているが、憲法の条文化は述べていないのだ。私は、会談の実態は、この「羽室メモ」の内容に近いと考えている。

幣原直筆の回想

幣原は一九五一(昭和二六)年三月一〇日に亡くなったが、その直前、回想録『外交五十年』を刊行している。これは口述筆記で、第一部は一九五〇年に読売新聞に連載された。第1章で紹介した、幣原が戦争放棄を考える起点となった敗戦の日の光景が回想されている。

実は、この体験について幣原は自ら書き残している。その直筆の原稿が国会図書館の幣原平和文庫に残されている。「現行憲法改正発案奏上の動機」と題した草稿だ。玉音放送を聞いた後電車に乗り込んだくだりは、次のようになっている。

「電車内の一乗客は対座する他の一名を呼びかけ、元来自分はわが国が何故に今回の戦争に突入しなければならなかったのか、納得し得られない。政府や軍部の発表せる所は事態を糊塗して、国民を愚弄するものである。又戦局の進行に付ても、着々順調な経過を辿っているが如き楽観の報道のみを掲げ、無条件降伏を必要とするような悲惨な情況に迫っていたのか、一言も公表せられたことがない。国民は目隠して屠殺場に追い込まれる牛馬と同様の取扱を受けているのであると、涙を揮って悲憤慷慨していた。これを静聴していた満車の乗客は悉く同感の叫声を揚げた。この光景は私に深刻な印象を与え、これを思出しては夜半夢平かなることを得なかった。

同年十月私は全く思いがけない政局の大役を承るに至って、前述電車内における光景の記憶が絶えず私を刺激し、国民が子々孫々その総意に反して戦争の渦中に引込まれるが如きことなきよう、的確な保障を設けるには、憲法の根本的改正によって国政に対する国民の指導権を強化するの外なきことを信じた。これが憲法改正発案を奏上するに至った動機である」

焼け跡の東京で将来の日本を考えた時、幣原に浮かんだのが、国民が戦争に引き込まれることがないよう、的確な保障を設けることだったというのだ。ただし、この直筆原稿には「戦争放棄」は書かれていない。ところが、回想録『外交五十年』になると次のような記述になる。

「憲法の中に、未来永劫そのような戦争をしないようにし、政治のやり方を変えることにした。つまり戦争を放棄し、軍備を全廃して、どこまでも民主主義に徹しなければならない」

「平野文書」晩年の聞き書き

幣原の回想のなかで、九条幣原発案説を裏付けるものとしてしばしば引用されているのが「平野文書」である。幣原の晩年、衆議院議長時代に秘書を務め、のちに岐阜県知事を三期歴任した平野三郎が、一九六四(昭和三九)年二月に憲法調査会に提出した「幣原先生から聴取した戦争放棄条項等の生まれた事情について」と題する報告書である。平野によれば、一九五一年二月下旬、幣原が亡くなる直前に、世田谷区岡本町の幣原邸で、二時間ぐらいかけて聞いたという。

この文書で、幣原は原子爆弾が開発されたいま、世界平和を可能にする国際機関が必要であり、日本は非武装宣言をして、死中に活を求めるのだと持論を述べている。そして、ペニシリン会談については次のように回想している。

「僕には天皇制を維持するという重大な使命があった。元来、第九条のようなことを日本側から言いだすようなことは出来るものではない。まして天皇の問題に至っては尚更である。この二つは密接にからみ合っていた。実に重大な段階にあった。

幸いマッカーサーは天皇制を存続する気持を持っていた。本国からもその線の命令があり、アメリカの肚は決っていた。ところがアメリカにとって厄介な問題が起った。それは濠州やニュージーランドなどが、天皇の問題に関してはソ連に同調する気配を示したことである。これらの国々は日本を極度に恐れていた。日本が再軍備をしたら大変である。戦争中の日本軍の行動は余りに彼らの心胆を寒からしめたから無理もないことであった。殊に彼らに与えていた印象は、天皇と戦争の不可分とも言うべき関係であった。日本人は天皇のためなら平気で死んで行く。恐るべきは「皇軍」である。という訳で、これらの国々はソ連への同調によって、対日理事会の票決ではアメリカは孤立化する恐れがあった。

この情勢の中で、天皇の人間化と戦争放棄を同時に提案することを僕は考えた訳である。

濠州その他の国々は日本の再軍備を恐れるのであって、天皇制そのものを問題にしている訳ではない。故に戦争が放棄された上で、単に名目的に天皇が存続するだけなら、戦争の権化としての天皇は消滅するから、彼らの対象とする天皇制は廃止されたと同然である。もともとアメリカ側である濠州その他の諸国は、この案ならばアメリカと歩調を揃え、逆にソ連を孤立させることが出来る。

この構想は天皇制を存続すると共に第九条を実現する言わば一石二鳥の名案である」という。

幣原は、象徴天皇は日本「本来の昔に還ったもの」で「日本のためにもよい」と語り、こう続けた。

「この考えは僕だけではなかったが、国体に触れることだから、仮りにも日本側からこんなことを口にすることは出来なかった。憲法は押しつけられたという形をとった訳であるが、当時の実情としてそういう形でなかったら実際に出来ることではなかった。

そこで僕はマッカーサーに進言し、命令として出して貰うように決心したのだが、これは実に重大なことであって、一歩誤れば首相自らが国体と祖国の命運を売り渡す国賊行為の汚名を覚悟しなければならぬ。松本君〔松本烝治〕にさえも打明けることの出来ないことである。したがって誰にも気づかれないようにマッカーサーに会わねばならぬ。幸い僕の風邪は肺炎ということで元帥からペニシリンというアメリカの新薬を貰いそれによって全快した。そのお礼ということで僕が元帥を訪問したのである」

「問　元帥は簡単に承知されたのですか。

答　マッカーサーは非常に困った立場にいたが、僕の案は元帥の立場を打開するものだから、渡りに舟というか、話はうまく行った訳だ。しかし第九条の永久的な規定ということには彼も驚ろいていたようであった。僕としても軍人である彼が直ぐには賛成しまいと思ったので、その意味のことを初めに言ったが、賢明な元帥は最後には非常に理解して感激した面持で僕に握手した程であった」

国体護持、つまり「天皇制の維持」と「戦争放棄」をセットとして幣原は提案した。これは羽室メモにも記されている点だが、平野文書ではその意図が詳しく語られている。二つをセットにすることで天皇制について厳しい意見を持つオーストラリアやニュージーランドなどの国際世論を、納得させていこうという考え方だ。

ただし、平野文書には疑問点が多い。天皇制維持についてこの時「アメリカの肚は決っていた」としているが、実際はまだ情勢は流動的であり、これから開かれる東京裁判で昭和天皇が訴追される危険性があった。マッカーサーらGHQは天皇の身柄の保障を最大の条件にGHQ草案を日本側に認めさせていくのである。平野文書の信憑性に疑問符がつく。

さらに、戦争放棄を憲法の条項にするようマッカーサーから「命令として出して貰うように」したと述べているが、このくだりも、他にはない証言で、疑問が払拭できない。

九条幣原発案説には、これを疑問視する証言が複数ある。これについては後述することとして、次にマッカーサーの証言をみてみよう。

マッカーサーは何を証言したのか

マッカーサーは後年になって、九条は幣原の発案であると公言するようになる。最も早いのが、一九五〇年元旦の声明で、次のように述べている。

「この憲法の規定は日本人みずから考え出したものであり、最も高い道義的理想にもとづいているばかりでなく、これほど根本的に健全で実行可能な憲法の規定はいまだかつてどこの国にもなかったものである」

翌年の一九五一年四月、朝鮮戦争をめぐる方針でトルーマン大統領と対立したマッカーサーは解任され、本国に呼び戻された。マッカーサーはアメリカの上院軍事外交合同委員会で聴聞を受けた。最終日の五月五日、次のように証言した。

「日本人は、彼等自身の意志によって、戦争を非合法化する規定を憲法に書き込んだ」

マッカーサーによれば、ペニシリン会談で幣原はこう述べたという。

「私は長い間この問題を解決する唯一の方法は戦争をなくすことであるし、信じもしていた」「私はこの問題を軍人たるあなたに提議することには大いに躊躇した。〔……〕しかし私は現在我々が起草しつつある憲法のうちにかかる規定をもうけることに努力したい」

これを聞いたマッカーサーは、感激して思わず立ち上がり、握手しながら述べたという。

「それこそ能《あた》うかぎり最大の建設的措置の一つであると思う」（参議院事務局編『復刻版　戦争放棄編』）

戦争放棄の条項を憲法に入れるよう、幣原が提案したというのである。

ここで注意しなければいけないのは、マッカーサーの証言が、一九五〇年六月、朝鮮戦争の勃発によって警察予備隊が創設され、日本が再軍備へと大きく舵を切った後だったことである。敗戦直後、憲法改正に取り組んだときは「日本の非軍事化」が最大目標だった。僅か四年後、一八〇度転換して、日本に再軍備を要求する立場に変わったマッカーサー。九条の発案者が幣原である方が都合がよかったと考えられよう。さらにいえば、もう一人の当事者、幣原は一九五一年三月に亡くなっていた。幣原が戦争放棄を憲法の条文規定に入れるよう求めたというマッカーサーの証言は、幣原の死後になって詳細になっていく。

マッカーサーは一九五五年一月二六日、ロサンゼルスで開かれたアメリカ在郷軍人会主催の正餐会でもペニシリン会談にふれている。この時は、幣原首相が「国際的紛争解決の手段としての戦争を廃止すべきであると要望」したと述べている。

こうしたマッカーサーの証言は、一九六二年一二月、内閣憲法調査会の高柳賢三会長への書簡での回答でも明らかにされた。一二月一五日付の回答でマッカーサーはこう述べている。

「戦争を禁止する条項を憲法に入れるようにという提案は、幣原首相が行ったのです。首相はわたくしの職業軍人としての経歴を考えると、このような条項を憲法に入れることに対してわたくしがどんな態度をとるか不安であったので、憲法に関しておそるおそるわたくしに会見の申込をしたと言っておられました。わたくしは、首相の提案に驚きましたが、首相にわたくしも心から賛成であると言うと、首相は、明らかに安どの表情を示され、わたくしを感動させました」(堀尾輝久「憲法九条と幣原喜重郎」『世界』二〇一六年五月号)。これを受け取った高柳は「九条の直接の発案者は幣原であり、いわゆる押しつけ論の主張者の根拠はない」と考えるようになった。

『マッカーサー大戦回顧録』ではさらに詳細な証言となっており、日本でも広く知られるようになる。

「首相はそこで、新憲法を書上げる際にいわゆる「戦争放棄」条項を含め、その条項では同時に日本は軍事機構は一切もたないことをきめたい、と提案した。そうすれば、旧軍部がいつの日かふたたび権力をにぎるような手段を未然に打消すことになり、また日本にはふたたび戦争を起こす意志は絶対にないことを世界に納得させるという、二重の目的が達せられる、というのが幣原氏の説明だった。首相はさらに、日本は貧しい国で軍備に金を注ぎ込むような余裕はもともとないのだから、日本に残されている資源は何によらずあげて経済再建に当てるべきだ、とつけ加えた。

私に腰が抜けるほどおどろいた。長い年月の経験で、私は人を驚かせたり、異常に興奮させたりする事柄にはほとんど不感症になっていたが、この時ばかりは息もとまらんばかりだった」

マッカーサーは幣原に同意し、紛争解決の手段としての戦争を嫌悪していると伝えた。幣原は、「感きわまるといった風情で、顔を涙でくしゃくしゃにしながら、私の方を向いて「世界は私たちを非現実的な夢想家と笑いあざけるかも知れない。しかし、百年後には私たちは予言者と呼ばれますよ」といった」(津島一夫訳『マッカーサー大戦回顧録』)。

第九条は幣原首相が発案者だとしている。この回顧録はマッカーサーが死の年、一九六四年になって書き下ろしたものを、タイム社が年月別に整理したものである。晩年の自己正当化や潤色が加えられている可能性が高い。

いずれにせよ、マッカーサーが幣原発案説を唱えるのは、冷戦が激化して、日本の再軍備が必要になってからであり、しかも、後年になればなるほど強調され、回顧録では感動的な場面として描写されている。

九条幣原発案説への疑問

こうした九条幣原発案説に、日本側で憲法改正に取り組んだ人々から疑問が投げかけられてきた。

代表的なのは松本烝治で、一九五四年九月に開かれた自由党憲法調査会で、こう証言している。

「マッカーサーが、幣原さん自身が軍隊を廃することに大変熱心であったことを言ったと伝えておりますが、これは非常な間違いだと思います。私の改正案には、もちろん軍というものはあった。それについて特に説明書を出したのですが、その説明書は幣原さんその他閣僚みんなの御賛成で出したものなのです。少なくともこれを出したときにおいては、陸海軍を廃止するとか何とかいう考えが幣原さんになかったことは疑いのないところと思っております」

松本は、幣原が軍の規定があった改正案に賛成したと証言している。しかし、これは事実とは異なる。実際は閣議で幣原は「連合国はこの規定について必ずめんどうなことを言う」と松本の案に疑問を示していた(詳しくは後述、八八頁参照)。

幣原とともに憲法改正に取り組んだ吉田茂は『回想十年』でこう述べている。

「私の感じでは、あれはやはりマッカーサー元帥が先きに言い出したことのように思う。もちろん幣原総理と元帥との会談の際、そういう話が出て、二人が大いに意気投合したということは、あったろうと思う」

当時、幣原首相の秘書官だった岸倉松《きしくらまつ》は、次のような証言を残している。

「幣原首相は第九条の条項にはなんら関係していなかったのであり、同条項を憲法の草案にそう入するということは幣原首相の関知せざるところであったことは明瞭である。しかし、幣原首相の戦争放棄の悲願はマッカーサー元帥を深く感動させ、それが契機となって第九条が総司令部案に規定されることとなったと確信する。〔……〕要するに幣原首相とマッカーサー元帥の気合いがみごとに一致して戦争放棄の条項が生み出されたのである」

幣原は戦争放棄を提案したが、憲法の条文化は行っておらず、九条はマッカーサーが規定したというのである。この証言は羽室メモとも合致しており、わたしはこれが事実ではないかと考えている。

こう推理する理由として、先述したように、そもそも幣原が憲法改正に積極的ではなかったという事実があげられる(三九頁参照)。

一九四五年一一月二八日、幣原は衆議院で斎藤隆夫の質問にこう答えている。

「帝国憲法の条規は弾力性に富むものでありまして、民主主義の発達に妨害を加えることなく、時勢の進運に順応するよう運用の途を講じますることは必ずしも不可能とは思いませぬ」

さらに、後述するが、GHQ草案が日本側に提示された直後の一九四六年二月二一日、幣原がマッカーサーと会談した際の発言にも注目しなければならない。マッカーサーが「国策遂行の為めにする戦争を抛棄すると声明して日本がMoral Leadership〔道徳的指導権〕を握るべきだと思う」と述べると、幣原は「leadership と言われるが、恐らく誰も follower〔追随者〕とならないだろう」と疑問を投げかけている(『芦田均日記』。詳細は一四〇頁)。こうした幣原の言動は、彼が発案者であるとすれば矛盾している。

それでは、なぜ幣原は晩年になって、自身が発案したと回想したのだろうか。

ひとつの手がかりとして、幣原と親交のあった紫垣隆の回想がある。雑誌『大凡』に幣原と会ったときの様子を綴っている。

「「今度の憲法改正も、陛下の詔勅にある如く、耐え難きを耐え、忍ぶべからざるを忍び、他日の再起を期して屈辱に甘んずるわけだ。これこそ敗者の悲しみというものだ」としみじみ語り、そして傍らにあった何か執筆中の原稿を指して、

「この原稿も、僕の本心で書いているのでなく韓信が股をくぐる思いで書いているものだ。何れ出版予定のものだが、お手許にも送るつもりだから、読んでくだされば解る。これは勝者の根深い猜疑と弾圧を和らげる悲しき手段の一つなのだ」と懇々と説得され〔……〕」(紫垣隆「憲法問題と幣原喜重郎」)

駒澤大学名誉教授の西修は、ここで幣原が指した原稿は『外交五十年』であることはほぼ間違いないとして、「背後に何か大きな圧力なり事象があったのだろうか。謎は深まるばかりである」としている(西修『日本国憲法成立過程の研究』)。

一九五〇年、日本の再軍備がはじまるなかでマッカーサーが幣原発案説を唱え始めると、これと符合するように幣原も自らの発案と主張していくようになる。そこに日米の共通の思惑、政治的な理由があったのか、西が推理するように何らかの圧力があったのか。この点は定かではない。なお紫垣隆は、先述の平野文書について「平野某が如く、自発的に情熱を傾け、「象徴天皇」や「戦争放棄」を進んで創案したものであるとすれば、このような悲哀の言を吐くわけもなく」と、批判している。

幣原、戦争放棄の提案

幣原の遺族はどのようにみているのだろうか。幣原の長男で獨協大学教授だった幣原道太郎は、生前、『週刊文春』で「〝第九条幣原提案説〟だけはどうしても看過できない」と述べている。道太郎は羽室メモを紹介し、「父は戦争放棄論者であったが、決して戦力放棄論者ではなかった」としている

(「憲法第九条を強要された父・幣原喜重郎の悲劇」)。

道太郎の長男、幣原の孫の隆太郎は、ペニシリン会談は天皇制の維持が主眼だったと考えている。

「天皇を皇室を守りたいという気持ちはすごく強い人だったと思う。天皇陛下のおかげで戦争が終わった。だから喜重郎さんにしてみれば、万世一系の天皇を守りたいというのではなかったと思う。天皇の人間宣言は幣原内閣でやってます。神がかったようなことは一切やめてね。それで自分の経験からみても、天皇陛下は並外れた知識がある人で、能力の高い人だった、平和主義で軍部を嫌っていた。もうこの天皇を守んなくちゃいかんとすごく感じていたみたいです」

では、幣原は戦争放棄の考え方をどこから導き出したのだろうか。

多くの研究者が指摘しているのが、一九二八年のパリ不戦条約である。その首唱者であるフランスの外相ブリアンとアメリカの国務長官ケロッグの名前を取ってケロッグ・ブリアン条約ともよばれる。

そこには戦争の放棄が次のように謳われていた。

「第一条　条約国ハ国際紛争解決ノ為戦争ニ訴フルコトヲ非トシ且ツ其ノ相互関係ニ於テ国家ノ政策ノ手段トシテノ戦争ヲ放棄スルコトヲ其ノ各自ノ名ニ於テ厳粛ニ宣言ス」

そして第二条では、一切の紛争を「平和的手段」によって解決することが求められていた。こうした戦争違法化の動きは第一次世界大戦後、国際連盟の成立とともに生まれた。一九二〇年代には国際的に一定の力を持つようになり、パリ不戦条約に謳われたのである。条約には、一九三八年までに六四カ国が署名、日本も含まれていた。ちなみに条約が発効したときの外務大臣は幣原であり、幣原も当然、こうした戦争違法化の動きは知っていた。

幣原の「戦争放棄」の提案は、パリ不戦条約にみられる戦争違法化の流れの中に位置づけられる。孫の隆太郎はこう語る。

「幣原喜重郎は、理想に燃えるというタイプの人ではなかった。すごく冷静な論理を追究して妥協を図るような人です。恐らく職業を通じて平和主義を勉強して、戦争体験をして、自分も空襲で逃げ回って、戦争とは大変なことだ、やめなくちゃいかんと思った。制度化しなくちゃいかんと思ったのだろう。徐々に達したんだと思います。軍縮会議の時は、頭の中でしょうけど、戦争を肌身に感じた。昔の知識が推進力になったんじゃないですか。外に出て平和を訴えるのではなく、なんとか制度として作らなくちゃまずい。まさに職業を通じて、戦争体験を通じて平和主義になったんだと思います」

実は幣原は、戦争を二度と繰り返さないために重要な施策を行っている。戦争調査会である。政府の手で、敗戦の原因と実相を調査し明らかにしようとしたのだ。幣原自らが総裁となり、副総裁は芦田均。政治外交、軍事、財政経済、思想文化、科学技術の五つの部会に分かれ、四〇回以上の会議が開かれた。馬場恒吾、斎藤隆夫らが部会長となり、二〇人の学識経験者が選ばれた。

その記録は二〇一五—一六年、ゆまに書房から公刊され、一七年、学習院大学学長の井上寿一《いのうえとしかず》によって全貌が明らかにされた(井上寿一『戦争調査会』)。

しかし、戦争調査会は思わぬ挫折を余儀なくされる。一九四六年六月、対日理事会でソ連代表のデレビヤンコが、調査会に元軍人や戦争遂行に協力した八木秀次《やぎひでつぐ》ら科学者が加わっていると非難。マッカーサーが吉田に廃止の意向を示し、九月末に廃止された。これを引き継ぐため、民間による「平和建設所」の設立が模索されるが、これもＧＨＱは認めなかった。

こうして見てくると、幣原は敗戦の衝撃から、戦争を二度と繰り返さぬ方策を採ることを決意したことは間違いない。ただし、憲法改正については積極的ではなかった。一九四六年一月二四日のペニシリン会談では、幣原は天皇制の維持と理念としての戦争放棄をマッカーサーに語り、ふたりは共鳴した。幣原はすでに一九四五年九月、クラックホーンへの回答書で「非武装の平和」を唱えており（二四頁参照）、その後の回想からも、理想論として戦争放棄を主張したことは事実であろう。ペニシリン会談はふたりが戦争放棄で共鳴したことに大きな意義があり、それはマッカーサーによる九条の規定へとつながっていく。

戦争放棄は、太平洋戦争という未曽有の惨禍を経た上に幣原が得た大きな教訓であり、その理念が日本国憲法に結実していくのである。

天皇訴追せず

ペニシリン会談の翌日一月二五日午前一時四五分、マッカーサーはアメリカ陸軍参謀総長アイゼンハワーにあて極秘電を打電した。マッカーサーは前年の一一月二九日に統合参謀本部から、昭和天皇を戦犯として裁判にかけるかどうか、極秘裏に証拠の収集を求められていた。この日、昭和天皇を戦犯として訴追しないという答えを送った。

「過去一〇年間に、天皇が日本帝国の政治上の諸決定に関与したことを示す同人の正確な行動については、明白確実な証拠は何も発見されていない」
「天皇を告発するならば、日本国民の間に必ずや大騒乱を惹き起こし、その影響はどれほど過大視してもしすぎることはなかろう。天皇は、日本国民統合の象徴であり、天皇を排除するならば、日本は瓦解するであろう」
「占領軍の大幅増強が絶対不可欠となり、おそらく一〇〇万の軍隊が必要となり、無期限にこれを維持しなければならないであろう」（山極晃・中村政則編『資料日本占領I　天皇制』）

同じ頃、東京裁判の開廷を前にスガモプリズンでは、東条英機、広田弘毅《ひろたこうき》らA級戦犯容疑者への尋問が続いていた。そのようななかで、マッカーサーは早々に天皇不訴追の意向を本国に伝えたのだ。

ＧＨＱ民政局職員だったエスマンによれば、天皇についてはマッカーサーが決めることで、職員は一切関与しない、という姿勢だったという。

「マッカーサーは、占領を円滑に進めるにあたり天皇を利用できると見込んでいました。そうすれば、占領が穏やかに進み成功を収めるであろうと信じていました」

しかし、天皇を訴追するか否かについて、エスマンは次のように付け加えた。

「私自身を含む我々の多くが、天皇は戦争犯罪者であり戦犯として裁判にかけられるべきだと考えていました」

こうしてマッカーサーは、天皇制の維持と天皇不訴追の意向を独自に固めつつあった。しかし、これはなお、極秘事項であった。憲法改正案について日本政府と交渉する際、昭和天皇の身柄は重要な切り札だったからである。

同じ一月二五日午後三時二五分、幣原は表拝謁の間で昭和天皇に奏上を行った。幣原は前日のマッカーサーとの会談を報告。『昭和天皇実録』によれば、「天皇制維持の必要、及び戦争放棄等につき懇談を行った」とある。昭和天皇は、天皇制の維持と戦争放棄についてマッカーサーから了解を得られたことを確認したと考えられる。

ペニシリン会談の翌日、マッカーサーがワシントンに極秘電し、幣原が天皇に奏上したことは、会談の重要性を物語っていよう。

この日、昭和天皇は、国家再建のために皇室財産を政府に下賜したい、近くマッカーサーを訪問して、その意向を伝えたいので準備を整えるよう希望を示した。しかし、幣原は次のように奉答した。

「思召しは誠に有り難いが、かつて食糧輸入の見返り物資として、皇室の宝石類を下付したいとした天皇のお考えを、マッカーサーが皇室の人気取り策と誤解した前例(昨年一一月)もあるため、熟考を要する」(『昭和天皇実録』)

昭和天皇への内外の眼は厳しいものがあり、幣原は天皇制の維持に向けて、慎重に事を進めていた。

「潔く裸になって平和国家としてやって行く」

一方、幣原内閣の憲法問題調査委員会では、明治憲法の軍の規定について論争が起きていた。

それは、一九四五年一〇月二七日、第一回の総会から始まっている。顧問で東京帝国大学教授の野村淳治が問題点を指摘した。

「軍備ノ撤廃ニ伴ヒ如何ナル改正ガナサレルベキカノ問題、統帥編成《ママ》ノ大権ノ規定ノ如キ不要デアルカドウカトイフ様ノ問題」

軍備を撤廃するのだから、天皇の軍の統帥権、編制権も不要であるというのである。これに対して美濃部達吉が反駁する。

「野村君ノ考ヘル様ナ意見ニハ反対デアル。日本ノ現在ハ軍備ヲ撤廃シタケレドモ永久ニ陸海軍ハ無クテ良イモノデアラウカ。憲法ハ永遠ナモノデアル。故ニ私ハ早急論ニハ反対デアル」

野村はこれに反論する。

「私ハポツダム宣言ヲ度外視シテ、独善的改正案ヲ考ヘルコトハ出来ナイト思フ」

ポツダム宣言を履行し、独善的な改憲はするべきでないというのだ。野村は一二月二六日付で一六〇頁の「野村意見書」を提出。ポツダム宣言に基づき、日本国民の意思による民主政治を実行すべきとして、憲法の一大改正の必要性を訴えた。そこには、大統領制、土地や一部企業などの国有・国営化、労働権、生存権など革新的な内容が含まれていた。しかし美濃部は、国民主権に基づく憲法改正は「国体変更」であるとして反対。野村の意見書が生かされることはなかった。

明治憲法から軍の規定を削除する案については、一一月二四日の第六回調査会で議論が白熱する。議事録にはこう記されている。

「潔ク裸ニナッテ平和国家トシテヤッテ行クノダトイフコトヲ明ラカニ示ス方ガ内外共ニ必要デア

ルカラ、第十一条〔統帥大権〕及第十二条〔編制大権〕ハ削除スルヲ至当トス」

軍規定の削除を提案したのは、昭和天皇の勅語に注目し、「武備なき国家」を主張した宮沢俊義であろう。宮沢は軍規定を削除した改正案を作成していく。平和国家を理念としてだけでなく、憲法改正案として実現しようと考えていたのだ。

一方、松本烝治は年末から一月四日にかけて、鎌倉の別荘に籠もり「憲法改正私案」を執筆した。これを宮沢がまとめ、さらに松本が手を入れたのが「憲法改正要綱」、いわゆる松本甲案である。それは「天皇ハ神聖ニシテ侵スヘカラス」とあるのを「天皇ハ至尊ニシテ侵スヘカラス」とするなど明治憲法の部分的修正に留まっていた。軍の規定についても残置する案だった。

一九四六年一月四日、第八回調査会では、第一一条の統帥大権を削除する案と残置する案で議論が戦わされた。翌五日の調査会では、天皇の宣戦に関する第一三条の削除について意見が対立したが、議事録にはこう記されている。

「削除説ハ世界最初ノ平和国家非武装国家タラシメントスル国家方針ヲ闡明《せんめい》セントスル理想主義的見地ヨリモツトモ主張セラレタガ残置説ハ削除ハ改正憲法ヲ暫定的ナラシムルモノニシテ又軍設置ノ時ニ何等ノ拘束――議会ノ制約無カラシムル結果トナルト反駁シタ」

結局、意見は対立したままで、松本甲案と乙案、ふたつにまとめられる。

委員長の松本烝治の方針に沿った松本甲案では軍条項は残り、次のような修正がなされた。

「第十一条中ニ「陸海軍」トアルヲ「軍」ト改メ且第十二条ノ規定ヲ改メ軍ノ編制及常備兵額ハ法律ヲ以テ之ヲ定ムルモノトスルコト

第十三条ノ規定ヲ改メ戦ヲ宣シ和ヲ講シ又ハ法律ヲ以テ定ムルヲ要スル事項ニ関ル条約若《もしく》ハ国庫ニ重大ナル負担ヲ生スヘキ条約ヲ締結スルニハ帝国議会ノ協賛ヲ経ルヲ要スルモノトスルコト〔……〕」

一方、松本乙案は、宮沢案を引き継ぎ、第一一条の天皇の統帥権と第一二条の編制大権は削除された。

こうして、軍規定をめぐって残置、削除、異なる二つの改正案がつくられたのである。

閣僚も旧陸軍も軍規定の削除を提案

一月三〇日、松本は、臨時閣議で二つの改正案を配布して、閣僚に意見を求めた。この時の模様は、陪席した法制局次長・入江俊郎の回想からうかがうことができる(入江俊郎『憲法成立の経緯と憲法上の諸問題』)。

松本が、「軍の規定を全部削除せよとの論があった」が、独立して「国防軍的なものができたときに憲法を改正することは適当ではない」として「憲法で明記しておくことが望ましい」と発言した。

しかし、幣原首相は疑問を示した。

「軍の規定を憲法の中に置くことは、連合国はこの規定について必ずめんどうなことを言うにきまっておる。将来軍ができるということを前提として憲法の規定を置いておくということは今日としては問題になるのではないかと心配する。この条文を置くがために司令部との交渉に一、二箇月もひっかかってしまいはしないか」

内閣書記官長の楢橋渡《ならはしわたる》は「世間的にも反対論が起りはしないか」、内閣法制局長官の石黒武重は

「将来軍を置こうとする場合は憲法を改正せずとも置けると思うから、この規定ははずしたらどうか」と幣原首相に賛同した。

幣原は重ねてこう語った。

「世界の大勢から考えるとわが国にも軍はいつかはできるかもしれない、しかし今日この規定を置くことは刺激が強過ぎるように思う」

入江は、この日の閣議で幣原が、軍規定の削除を「再三主張されたことは、改正憲法九条の真の発案者が、マッカーサーか幣原さんかという、後に議論されたことと思い合わせて興味があります」と回想している。

幣原は、世界情勢やGHQとの交渉をにらんで軍規定の削除を考えていた。

このあと、芦田均厚相が第一一条の天皇の統帥権について疑問を投げかけた。

「国民の代表に服従するのが真のデモクラシーである。それゆえ、天皇に服従するという規定の仕方はどうであろうか」

岩田宙造《いわたちゅうぞう》法相も、「今日の政治情勢からいうと、この〔統帥権〕規定は削った方がよろしい」と続いた。その後、吉田茂外相がGHQのホイットニー民政局長と打ち合わせ、その「意向を確かめてみてはどうか」と発言。翌三一日の臨時閣議での冒頭で、松本がGHQと交渉するつもりと答えている。

入江によれば、一月三〇日の閣議で、統帥権の規定の削除は「かなり有力に主張され」たが、「それは、対外的関係を考えてのことで、新憲法の九条のような意味の発言ではなかった」という。

二月二日、憲法問題調査委員会は最後の総会を迎えた。ここでも軍規定の削除をめぐって激論が交わされた。

当時、法制局参事官をつとめた佐藤功の回想によれば、楢橋渡と石黒武重が、つぎのように統帥権の規定の削除を申し入れたという。

「軍もその意向だが、〔……〕改正案では「天皇ハ軍ヲ統帥ス」という文句は削ってもらいたい。それを残しておくと天皇制もふっ飛んでしまう。平和国家という一本槍で行きたい。〔……〕警備隊のようなものが、つくられるとすれば、それは軍でない。だから憲法できめなくてもいい」

松本烝治委員長はこれに疑問を示した。

「独立国たる以上、軍がないということは考えられない〔……〕。マッカーサーと交渉してそれが〔軍規定を残すことが〕できないというのならもちろん削る。しかし、それの交渉は自分がやる」

美濃部も削除に反対した。

「憲法を改正する以上は日本は独立国家たることを前提としてやるべきで、現在の状態のみに即することはできない、独立国たることを前提とする以上は、軍の統帥を置くことも当然で、それを削るということはいつでも滅ぼしてくれということを表明するにすぎない」

これに対し、宮沢は削除に賛成した。

「向こうの意向にかかわらず、平和国家という大方針を掲げる以上、日本には道がない、残しておいてもどうせ形式的なので、つつかれるだけなのだから、むしろ置かない方がいい」(入江前掲書)

注目されるのが、入江の回想によれば、楢橋が「陸軍の吉積少将その他の有力者」が軍条項の削除に賛成したと述べたことである。吉積少将とは、当時、第一復員省総務局長だった中将・吉積正雄《よしづみまさお》。陸軍最後の軍務局長で、陸軍の重鎮であった。旧陸軍も統帥権の規定を削除するよう求めており、それは「平和国家」の大方針の下、天皇制を残すためであった。

しかし、宮沢の回想によれば、松本は頑なに反対した。

「松本国務大臣が大変怒って、そんなこと言う奴がいたらけしからぬと怒ったものだから、楢橋氏が、いや私は取次いでいるのだから私に怒られては困ると言ったら、じゃあその言った奴を連れて来い。そうすれば自分がそう言ってやるというようなことを言った」

こうしてみると、当時、幣原首相をはじめ閣僚の多くが、そして旧陸軍重鎮も、軍規定の削除を求めていたことがわかる。そして、宮沢や楢橋、石黒らが軍規定削除のよりどころとしたのが、昭和天皇が勅語で示した「平和国家」だった。これに対して委員長の松本、そして美濃部が頑強に軍規定の削除に反対していたのである。

結局、軍規定は残されていたが、GHQへの提出にあたって次のような説明が加えられることになった。

「陸海軍トイフ観念デハナク、国家存続ニ必要ナル armed forces トシタノデアル、即チ海賊防止ノ小艦艇ヤ内乱鎮圧ノ為ノ国内軍デアツテ、連合軍ノ撤兵後、警察以外ニ要スル必要最小限度ノ国防力デアル」

高見勝利は、この説明には、のちの憲法九条の「自衛のための必要最小限度の実力」という「政府解釈の原型が示されていた」としている(高見勝利「「平和国家ノ確立」から「平和憲法の公布」まで」)。

いずれにせよ、当時、幣原首相はじめ日本の閣僚の多くが陸海軍の撤廃は不可避と考えていた。

毎日新聞のスクープ

幣原内閣が憲法改正をめぐって詰めの議論を行っていた最中――。

二月一日、毎日新聞のスクープが一面を飾った。憲法問題調査委員会が作成した七章七六条に及ぶ試案を公表したのである。それは、宮沢俊義が作成した、いわゆる宮沢甲案と呼ばれるものに近かった。

第一章　天皇

第一条　日本国は君主国とす

第二条　天皇は君主にして此の憲法の条規依り統治権を行う

第三条　皇位は皇室典範の定むる所に依り万世一系の皇男子孫之を継承す

天皇は君主として統治権が認められており、明治憲法の部分的修正に留まっていた。毎日新聞は社説で論評している。

「憲法の中核ともいうべき天皇の統治権については、現行憲法と全然同じ建前をとっている。すなわち天皇を君主とし、日本国は君主国であるとなし、天皇が統治権を総攬することにおいてこれまでと変わりない」

この毎日新聞のスクープは政治的に絶妙のタイミングだった。それゆえ、ＧＨＱのリークではないのかという疑念を招いたが、長く真相は分からなかった。一九七八年、実際にスクープした政治部記者・西山柳造が英米法学者・田中英夫のインタビューに答え、「委員会の事務局から特ダネを取った」と真相を明らかにした。

一九九七年五月三日の毎日新聞によれば、首相官邸一階にあった松本委員長の事務局に協力者がおり、西山記者は極秘に借り出したという。当時、有楽町にあった毎日新聞東京本社に草案を持ち込み、デスク以下で手分けして書き写したうえ、二時間後に元に戻したと証言している。とはいえ当時、メディアはＧＨＱの検閲下にあった。このスクープはＧＨＱの許可のもと実現したのである。

ＧＨＱ民政局は直ちに記事を英訳し分析。「最高司令官のための覚え書き」で次のように報告した。「この改正案は、極めて保守的な性格のものであり、天皇の地位に対して実質的変更を加えてはいません。天皇は、統治権をすべて保持しているのです。この理由からも(他にもいろいろの点がありますが)、改正案は、新聞論調でも世論でも、評判がよくありません」(高柳賢三ほか編著『日本国憲法制定の過程 1』)

このスクープされた案では、軍規定は削除されていた。つまり、ＧＨＱはこのスクープにより、日本側が明治憲法の軍規定を削除しようとしていることを確認したのである。

さらに、幣原内閣のなかで軍規定の削除をめぐって議論が分かれていることもつかんでいた。二月六日、民政局長のホイットニーはマッカーサー宛てのメモで報告している。

「陸海軍に関する規定については、内閣の中で意見が分かれたとのことで、一部の閣僚は、憲法に陸海軍の規定を置くことは連合国から疑念の念をもってみられるだろうとしたが、松本博士を代表とする他の若干の閣僚は、軍隊に関する規定は独立国としての存在に不可欠のものであり、もし日本が独立でないとすれば、そもそも憲法をもつことは不必要であると説いたとのことです」(同前)

先に述べた一月三〇日の閣議の議論がＧＨＱ側に伝わっているのだ。

毎日新聞のスクープの翌々日、二月三日、戦争の廃止、戦力の不保持を軸とするマッカーサー・ノート(三原則)が出される。この作成にあたって、ＧＨＱは日本の首脳部に軍規定の削除を是とする考え方が強いことを把握していたのではないか――。獨協大学名誉教授の古関彰一は、次のように推理する。

「文書としては二月六日に出ていますけれど、閣議の模様を伝える人がいて、もう二月三日には伝わっていて、戦争の不保持をつけても大丈夫だという判断があったのではないか。

私たちは長い間、マッカーサー三原則というのは突然出て、マッカーサーが中心になってとんでもないものを作ったというイメージが強かったと思います。けれども、よく調べてみますと、日本側にも、陸軍を中心に軍条項を憲法に残しておくと天皇制そのものが危なくなる。連合国は認めない。だったらそれをはずしてしまおうという案があり、松本委員会とよばれる憲法問題調査委員会の中にもその意見があり、閣議でも軍条項は削ってもいいと言っている。マッカーサーはこうした事実を知った上で、陸海空軍その他の戦力はこれを保持しないという、今でいう憲法九条二項を考えたのではないかというのが私の推測です」

ホイットニーのメモの日付が、マッカーサー・ノートの三日後の二月六日なので、事前に知っていたかどうか疑問が残る。ただ、少なくとも毎日新聞のスクープで、日本側も軍規定を削除した改正案を考えていることは把握していた。さらに「戦争の放棄」は一月二四日のペニシリン会談で幣原がマッカーサーに提案しており、これが戦争放棄条項へとつながったことは間違いない。

そして、毎日新聞のスクープを機に、二月三日、憲法改正はGHQによる草案作成というまったくあたらしい段階へと向かうのである。

第5章　GHQ密室の九日間

迫り来る極東委員会

毎日新聞のスクープによって日本政府の改正案が明らかになると、二月二日、マッカーサーは一つの決断を下した。GHQ自らが極秘裏に憲法草案を作成しようというのだ。

当時、GHQ民政局の職員だったエスマンはマッカーサーの心中を次のように証言した。

「日本国憲法の改正作業は、日本政府が率先して実施し、準備することが望ましかったでしょう。しかし実際は、松本案は極めて保守的で、明治憲法をわずかに変更したものに過ぎませんでした。少しでも満足の行く憲法草案を幣原内閣に期待することは絶望的であるとマッカーサーは判断しました。と同時に、極東委員会が独自に憲法を起草することで、問題が複雑化することも防がなければなりませんでした。

マッカーサーは、極東委員会が憲法の制定に干渉をし始めることを恐れていたのです」

極東委員会——。アメリカ、ソ連、イギリス、中国、オーストラリア、オランダ、ニュージーランド、フランス、フィリピン、カナダ、インドの一一カ国から構成されたこの委員会は、マッカーサーをも拘束する権限を持っていた。そして、その発足は一九四六年二月二六日とされた。つまり、二六日以降は、憲法改正は極東委員会の意見の一致がなければ、実現できなくなるのである。委員会には、

極東委員会

天皇制について厳しい意見を持つソ連、オーストラリア、ニュージーランドが加わっていた。

なかでもオーストラリアは、東京裁判の開廷に向けた戦犯リストに昭和天皇を加えていた。当時極東委員会のオーストラリア代表を務めたハロルド・ブロックを二〇〇七年、「NHKスペシャル」の取材班がメルボルンに訪ねた。

「オーストラリアは、戦争責任において、天皇を切り離して考えることはできないという考えでした。天皇が調査されることを望んでいました。戦争犯罪者として裁かれるべきかどうかを判断すべく、適切な取り調べがなされることを望んでいました」

ブロックによれば、オーストラリアは日本の軍事的な脅威が取り除かれることを望んでいた。

「私は民主国家の建設を望んでいました。日本を戦争に突入させた要素を持たない社会です。オーストラリアは、日本が平和で豊かな国となることを望んでいました」

ブロックら極東委員会のメンバーは、独断専行しがちなマッカーサーの行動に大きな懸念を抱いていた。そして、憲法改正については極東委員会が歯止めをかけるべきだと考えていた。

「憲法の根本的変更に関する指令は、極東委員会の承認無しに最高司令官〔マッカーサー〕に提出されては決してならないとされていました。極東委員会の役割には、憲法草案の起草は含まれていませんでした。しかし、憲法草案を承認する役割はありました。極東委員会には、特権として、マッカーサーが日本に対して実施した政策全てを見直すよう彼に指示する権利がありました。つまり、最終的権限は極東委員会にあったわけです」

すでに一月二五日の極秘電報で昭和天皇の不訴追を打電し、天皇を残した間接統治を考えていたマッカーサーは、天皇に対して厳しい姿勢のオーストラリアなどが占領統治に意見をはさむ前に、憲法改正を進めなければならなかった。しかも、幣原内閣の旧態依然とした改正案が極東委員会に受け入れられないのは火を見るより明らかだった。民政局のエスマンはこう語る。

「マッカーサーの任務は、先手を打って極東委員会を阻止すること、つまり、干渉される前に草案を起草することにありました。マッカーサーは、憲法草案の作成を極東委員会ではなく自らの責務と感じていたのです」

二月二日、毎日新聞の記事を分析した民政局長ホイットニーの動きは素早かった。この日、外務省は憲法草案を二月五日にGHQに提出したいと申し出てきた。しかし、ホイットニーは、二月一二日まで延期したのだ。その理由をホイットニーは、次のようにマッカーサーに報告している。

「憲法改正につき主導権を握っている反動的グループは、閣下が同意を与えることができるような線から遥かに離れたところにいるということが、看て取れたからです。私は、憲法改正案が正式に提出される前に彼等に指針を与える方が、われわれの受け容れ難い案を彼等が正式に決定してしまってそれを提出するまで待った後、新規蒔直しに再出発するよう強制するよりも、戦術としてすぐれていると考えたのです」(高柳賢三ほか編著『日本国憲法制定の過程　1』)

松本らが主導権を握る日本政府の改正案に期待できない今、一二日までその提出を延期し、その間にGHQ独自の草案を作成するという戦術である。

ホイットニーの進言を受けて、マッカーサーは、極東委員会が開かれる二月二六日以前にGHQの手によって憲法草案を作成することを決断した。日本側が憲法改正案を提出するのは二月一二日、それまでわずかに一〇日間しかなかった。

憲法草案の作成はホイットニーの指揮下、進められることになる。ホイットニーは、ジョージ・ワシントン大学を卒業後、マニラで弁護士を開業していたが、一九四三年にマッカーサー司令部の幕僚として、フィリピン群島内の反日ゲリラ活動を指揮した。その功績を買われ、GHQの民政局長となっていた。

マッカーサー・ノート

二月三日、日曜日。マッカーサーはホイットニーに、憲法改正の「必須要件」を示した黄色いメモ用紙を示した。

「マッカーサー・ノート」。マッカーサー三原則ともよばれるその内容は次の通りである(九条に関わる第二項のみ英語原文を併記し、便宜上、番号をつけた)。

1

天皇は、国の元首の地位にある。

皇位は世襲される。

天皇の職務および権能は、憲法に基づき行使され、憲法に示された国民の基本的意思に応えるものとする。

2

①国権の発動たる戦争は、廃止する。(War as a sovereign right of the nation is abolished.)
②日本は、紛争解決のための手段としての戦争、さらに自己の安全を保持するための手段としての戦争をも、放棄する。(Japan renounces it as an instrumentality for settling its disputes and even for preserving its own security.)
③日本は、その防衛と保護を、今や世界を動かしつつある崇高な理想に委ねる。(It relies upon the higher ideals which are now stirring the world for its defense and its protection.)
④日本が陸海空軍をもつ権能は、将来も与えられることはなく、交戦権が日本軍に与えられることもない。(No Japanese Army, Navy, or Air Force will ever be authorized and no rights of belligerency will ever be conferred upon any Japanese force.)

3

日本の封建制度は廃止される。

貴族の権利は、皇族を除き、現在生存するもの一代以上には及ばない。
華族の地位は、今後はどのような国民的または市民的な政治権力も伴うものではない。
予算の型は、イギリスの制度にならうこと。

（訳は、高柳ほか前掲書による）

このマッカーサー・ノートの原文は現在、行方が分からない。当時は、ホイットニーから手渡された民政局次長のチャールズ・L・ケーディスが持っていた。しかし、ケーディスによれば、アメリカに帰国後、ホイットニーの息子に返した後、所在が分からなくなってしまったという。一般には「マッカーサー三原則」といわれるが、三つの他にも「一院制の議会」などの条項が書かれていたという証言もある。しかし、原文がないので確かめようがない。

第一項、冒頭の天皇に関する条項は英文では次のようになる。

Emperor is at the head of the state.

head を元首と訳すと at という前置詞がついている意味が表現されないとして、「国の頭位」「国の最上位」と訳す研究者もいる。いずれにせよ天皇制を残す基本方針が示された。しかし、まだ「象徴」という規定はない。

最も注目されるのが第二項である。ここで戦争の放棄、戦力の不保持が憲法の規定として初めて提案された。一月二四日のペニシリン会談で、幣原首相は理念としては「戦争の放棄」を述べていた。しかし、憲法の規定として提案されたのは、このマッカーサー・ノートが初めてである。

①では、国際法上の制度としての戦争の「廃止」を、②では紛争解決の手段としての戦争の「放

棄」、特に自衛のための戦争をも放棄していた。古関彰一は①の廃止(abolish)という言葉に注目している。アメリカ憲法では、南北戦争後に奴隷制度の廃止を規定したが、ここでabolishが使われている。「日本が二度と戦争が出来ない国にするために「戦争の廃止」という用語を編み出したと見ることができよう」(古関彰一『日本国憲法の誕生　増補改訂版』)。

マッカーサー・ノートの「戦争の放棄」は、パリ不戦条約に見られる戦争違法化の流れのなかに位置づけられる。日本国憲法より前に不戦条約の規定を取り入れていたのが、一九三一年のスペイン憲法と一九三五年のフィリピン憲法である。フィリピン憲法第二章第三条には次のように記されていた。

「フィリピンは、国策遂行の手段としての戦争を放棄し、一般に確立された国際法の諸原則を国家の法の一部として採用する」

日本占領以前、マッカーサーが駐留していたのがフィリピンである。一九三五年にフィリピン国民軍創設のためにマニラに赴き、軍事顧問となった。マッカーサーがパリ不戦条約とともに、フィリピン憲法を眼にしていた可能性は高い。

戦争放棄の条項はマッカーサーの発案であり、それは世界の戦争違法化の流れを受け継いだものであった。

③で示された「今や世界を動かしつつある崇高な理念」とは、「具体的には国際連合をさしており、戦争を放棄した日本の「防衛と保護」は、国際連合に委ねるということが想定されていたのである」(山室信一『憲法9条の思想水脈』)。

④では戦力の不保持と交戦権の否認が示された。「交戦権(rights of belligerency)」という用語は、「マ

ッカーサー草案に特有の概念であり、起草にあたった人たちの間にも必ずしも共通の理解があったわけではなく、外務省の仮訳では「交戦状態の権利」となっていたものが、縮約されて「交戦権」となったのである」(同前)。そもそも交戦権という日本語もそれまではなく、日本国憲法とともに生まれたのだった。GHQ草案作成の中心人物ケーディスでさえ、西修の取材に対して交戦権については「正直に言って、私には解りませんでした」と答えている(西修『日本国憲法成立過程の研究』)。

マッカーサー・ノートでは、一で天皇制、二で戦争の放棄と戦力の不保持が示されている。これは、ペニシリン会談で幣原とマッカーサーが共鳴した「天皇制の維持」と「戦争の放棄」につながっている。二人の合意をマッカーサーが憲法改正の原則として明文化したとみることができる。「戦力の不保持」については、ペニシリン会談では話すまでもない大前提であり、幣原が軍の規定を削除する意向であったことは先述したとおりである。

そして、天皇制の維持と戦争放棄をセットにすることで、極東委員会の厳しい批判を乗り越えていく、それがマッカーサー・ノートに示された戦略であった。

民政局への極秘指令

二月四日、月曜日。焼け野原には、二月一日に積もった雪が残っていた。

午前一〇時。ホイットニーは、民政局の朝鮮部門担当を除く全員二一人に、会議室に集まるよう命令を下した。

この時、招集された一人に弱冠二二歳の女性職員がいた。

ベアテ・シロタ・ゴードン。父は有名なピアニストで、東京音楽学校教師だったレオ・シロタ。一九二九年に父と共に来日したベアテは、五歳から一五歳までを日本で過ごした。一五歳で単身渡米し、サンフランシスコのミルズ・カレッジに入学。ニューヨークでタイム社の調査担当記者となり、戦争末期には政府の日本向けプロパガンダ放送も手がけた。

一九四五年一二月二四日、ベアテは日本に残した両親に会いたいと志願して東京にやってきた。両親は戦争中、軽井沢で過ごしていた。五年ぶりに訪れた東京は廃墟と化し、再会した娘に両親は食糧不足、燃料不足の苦労を語った。来日して一カ月間、彼女は女性の政治運動や小政党の運動をリサーチしていた。そんな彼女が憲法草案作成の一員に選ばれたのだ。

ベアテは二〇一二年一二月、八九歳でなくなった。二〇〇七年のインタビューでは、日本語で生き生きと語ってくれた。

ベアテ・シロタ・ゴードン

「私たちがメンバーに入るということは誰も、知らなかったんです。それは日本政府がやると、私たちはみんな思ってたんです。みんなビックリしました。とても凄い仕事だとみんなが思いました。世界にもないでしょう」

ベアテも三日前、毎日新聞で日本政府の改正案を眼にしていた。「ああ、これは全然、明治憲法と変わっていない。松本さんでは民主的な憲法は書けない」と感じていた。しかし、法律の専門家でない自分が起草メンバーになるとは夢にも思わなかった。

ベアテの記憶によれば、集められた会議室はあまり広くない部屋で、椅子が足りずに、半分ほどは立っていた。女性も、彼女の他に五人いた。ホイットニーが口を開いた。

「これから一週間、民政局は憲法制定会議と化すことになる。マッカーサー元帥は、日本国民のために新しい憲法を起草するという歴史的意義のある任務を民政局に委ねられた」

ホイットニーは、手書きのマッカーサー・ノートを取り出して読み上げた。そして、日本政府の改正案は右翼的な傾向の強いものが予想されるが、方針を変えさせ、リベラルな憲法を制定しなければならないと訴えた。

「この憲法を日本人の作ったものとして認め、日本人の作ったものとして全世界に公表するであろう」

つまり、日本政府に代わってGHQ民政局が二月一二日までに憲法草案を作成するというのだ。

「通常の仕事は一時的にストップし、今週中に書き上げること、トップ・シークレットである」

会議室はどよめいたが、ホイットニーは一〇分程度で話を切り上げると、自室へ戻った。あとを引き継いだケーディス大佐は、用意していた憲法草案作成の組織を発表し、担当者を任命、仕事の進め方を説明した。

最後に作業の心得が確認された。

「一、この作業の一切について、完全に極秘にされなければならない。

二、この作業に対しては、暗号名が用いられるべきである。

三、この作業で作成された草案、ノートなどは、すべて「トップ・シークレット」として処理されなければならない」

作業の中核となった運営委員会は四人のメンバーからなっていた。チャールズ・L・ケーディス大佐、そして憲法研究会の草案を分析し報告書をつくったマイロ・E・ラウエル中佐、アルフレッド・R・ハッシー中佐、ルース・エラマンである。このうち、ケーディス、ラウエルはハーバード・ロースクール出身の法律家である。この運営委員会のもとに七つの小委員会が組織された。立法権、司法権、行政権、地方行政、財政、人権、天皇・授権規定である。メンバーの多くは学者で、行政経験者はいたが、法律の専門家の集団ではない。

会議が終わったのは一二時過ぎだった。

ベアテは人権に関する小委員会のメンバーとなった。この委員会の中心となったピーター・K・ロウスト中佐が、ベアテに声をかけてきた。

「ベアテさん、あなたは女性ですから、あなたは女性の権利を書いたらどうでしょうか」

ベアテは、飛び上がるほど嬉しかった。

「書きたいです。どうしても、学問の自由も書きたいです」

ベアテは、主に女性に関する人権に取り組むことになる。

ミルトン・エスマンもこの日、招集された一人である。

「私たちは、衝撃を受けました。世界の主要国の一つである国の憲法を、占領軍の少人数のグループが草案するという事実に衝撃を受けたのです。そのような職務を遂行するよう要請されるなど、思いもしませんでしたから」

当時エスマンには、ＧＨＱ主導で憲法草案を作成することに懸念があった。

「日本人が一人も参加せず外国の占領軍の特定の人々によって作成された憲法は、外国からの押しつけと見なされ、占領終了時には、日本人がこの憲法をそっちのけで独自の憲法を起草するのではないかということでした。私は、そのことを懸念していました。それが誤りであったことは後に分かりますが、当時は、私にはそれが気掛かりでした」

メンバーはまず、憲法に関する参考文献を集めることから始めなければならなかった。エスマンによれば、知人の蠟山政道《ろうやままさみち》の書斎や日比谷図書館から書籍を収集したという。それでも、文献が手元にないことは大きな問題だった。

この時、タイム社でリサーチャーとして経験を積み、東京の街にも詳しいベアテが活躍する。ロウスト中佐に外出許可をもらい、ジープに乗って、日本人の運転手に告げた。

「どこかに図書館が残っていれば、そこへ私行きたい。どこでもいいですから」

焼け跡を急ぎながらも、ベアテは運転手へ注意した。

「一カ所だけではダメ。三カ所くらい行かなければならない」

ＧＨＱが憲法改正に動き出していることが漏れないようにするためだった。

「一カ所だけに行って「ヨーロッパとアジアの国の憲法を貸してください」と言えないでしょう。「何でしょう」って疑われます。極秘だったのです。だから本当に誰にも何も言えなかったんです、私たち。ＧＨＱの中でもほかの人としゃべっちゃいけなかったんです」

日比谷図書館、東京大学など四、五カ所を駆け回った。手に入れたのは、アメリカ独立宣言、アメリカ憲法、マグナカルタに始まるイギリスの一連の憲法、ワイマール憲法、フランス憲法、スカンジナビア諸国の憲法、ソビエト憲法……。

「私は一番若かった。そういう時には、何でもできるっていう気持ちがあるんじゃないですか。私は、ハイになりました。シャンペンを飲んだみたいな感じだったのです。一生懸命やりました」

かくして、二月五日からＧＨＱ民政局による密室での起草作業が始まった。夜を徹したその仕事ぶりを、秘書役を果たしたエラマンはこう回想している。

「第一（生命）相互ビルの最上階に簡易食堂があり、そこでサンドイッチの立食いなどしながら、夜も白々となるころまで働いた。明け方、宿舎に帰ってシャワーを浴び、一時間ほど仮眠して、また定刻八時には全員が集まって草案作りをやった。女の私も同様でした」

六日の会合では、機密保持が再確認された。

「日本人は一人でも民政局にいれてはならない」「夜間は一切金庫のなかにいれておくように」

そして、各委員会は七日までに第一次試案を作成することが確認された。

この時、人権に関する小委員会のロウスト中佐が質問した。

「「民政局で考えた憲法を、完全に日本側の手になる文章として公表することは、心理的信憑性の点で問題が生ずる」というのは、アメリカの政府の経験と思考方法に基づいて作られた理想的な憲法と、現在の日本政府の行動や過去における言明との間には、明白な不一致があるからである」（高柳ほか前

掲書）

これから作成するＧＨＱ草案と松本案の間には大きな隔たりがあるのに、これを日本政府案とすることに問題はないのか、というのだ。ケーディスはこうした不一致があることを認めた上で、こう答えた。

「アメリカの政治のイデオロギーと、日本の憲法思想中の最良ないし最もリベラルなものとの間には〔現在の日本政府の考えとの不一致と〕同じようなギャップは存在しない」

ここでケーディスが言う「最もリベラルなもの」とは、憲法研究会の草案を指していることは想像に難くない。ラウエルの報告書を読んだケーディスらは、ＧＨＱ草案と憲法研究会の考え方には不一致はないという確信を抱いていた。

九条の原型はこうして誕生した

九条の原型はどのようにうまれたのだろうか。担当した運営委員会の中心人物で当時、民政局次長だったチャールズ・ケーディスは一九九六年六月、九〇歳でなくなった。

生前、一九九一年六月、ＮＨＫスペシャル「東京裁判への道」の取材で、私はマサチューセッツ州ヒースに引退生活を送っていた彼を訪ねた。静かな田舎町で、冬はかなりの積雪があり、自宅には除雪車まで用意されている。聞けば、自分で運転して除雪するのだという。再婚した奥さんが手料理の蟹のサラダとアップルパイで歓待してくれた。ユーモアもあり温厚な紳士であった。

ケーディスは一九〇六年、ニューヨーク州ニューバーグに生まれ、コーネル大学とハーバード大学のロースクールを卒業した。学生時代はルーズベルトのニューディール政策に影響され、以来進歩的な「ニューディーラー」を自負し、ニューヨークで弁護士として活躍。一九三三年から連邦公共事業局の副法律顧問、三七年からは財務省の副法律顧問をつとめた。一九四二年四月から陸軍中尉として宣務につき、ノルマンディー上陸作戦などに参加し、陸軍大佐となった。

当時四〇歳。頭が切れて能吏、リベラルで法律家としての経験もある彼は、憲法草案起草の中心人物として活躍することになる。

マッカーサー・ノートに示された戦争放棄の条項は、ケーディスによって重大な修正が加えられている。ノートでは、「自己の安全を保持するための手段としての戦争をも、放棄する」として自衛権までが否定されていた。この部分が削除されたのだ。

この書き換えの経緯について記録は残されていない。自衛権を否定した一文を削除した理由をケーディスは次のように証言した。

「これでは、日本に対する攻撃に反撃する権利をも日本から奪うことになると思えたのです。すべての国は自国を守る固有の権利を持っていると思いましたから。国が攻撃されたときに、自らを守る権利を否定するのは非現実的だと思いました」

――あなたが、その部分を訂正したのですね?

「私はその言葉を取り除いただけです」

では、このケーディスの削除にホイットニー、そしてマッカ

チャールズ・ケーディス

ーサーは異議を差し挟まなかったのだろうか。ケーディスはこう証言する。

「議論はありませんでした。何も話し合わなかったのです。ただ改正案をホイットニー准将に提出しただけです。その後、彼は口頭で、これをベースに進めるようにと言ってきました。私は特に何も言われませんでした。ですから、ホイットニーがマッカーサー総司令官に持って行って、マッカーサーがそれを承認したのだと思います」

マッカーサーも同意したといえよう。その後、自身、回顧録で次のように述べている。

「第九条は、国家の安全を維持するため、あらゆる必要な措置をとることをさまたげてはいない。だれでも、持っている自己保存の法則に、日本だけが背を向けると期待するのは無理だ。攻撃されたら、当然自分を守ることになる。〔……〕憲法第九条は最高の道義的理想から出たものだが、挑発しないのに攻撃された場合でも自衛権をもたないという解釈は、どうこじつけても出てこない」

マッカーサー・ノートでは自衛権が否定されていたが、草案作成時には、マッカーサーもケーディスも自衛権は認める考えであったといえよう。

こうした削除と同時に、ケーディスは重要な加筆を行っている。

「いかなる国であれ他の国との間の紛争解決の手段としては、武力による威嚇または武力の行使は、永久に放棄する」(傍点筆者)

「武力による威嚇または武力の行使」という一文が付け加えられたのである。

この一文は、調印されたばかりの国連憲章から取られている。

「第二条の四　すべての加盟国は、その国際関係において、武力による威嚇又は武力の行使を、いかなる国の領土保全又は政治的独立に対するものも、また、国際連合の目的と両立しない他のいかなる方法によるものも慎まなければならない」(傍点筆者)

実際、ホイットニーに二月四日、民政局のスタッフに次のように述べている。

「国連憲章に明示的に言及する必要はないが、国連憲章の諸原則は、われわれが憲法を起草するに当たって念頭におかれるべきである」

国連憲章は第二次世界大戦の惨禍の反省から生まれている。戦争を違法化する動きは、すでに述べたようにパリ不戦条約に明文化されていた。しかし、日本は自衛の名の下に戦争を正当化していく。一九三一年の満州事変は、関東軍が謀略によって鉄道線路を爆破、これを中国軍の仕業として始めた軍事行動だった。しかし日本政府は自衛権の行使であると主張。「自衛の措置と認むることをえず」という国際連盟の勧告を拒絶し、連盟を脱退した。一九三七年には宣戦布告のないまま日中戦争に突入、戦争ではなく「日華事変」と称した。自衛の名の下に始められた戦争が、太平洋戦争という悲惨な結果を招いたのである。

第二次世界大戦末期、一九四五年六月に調印された国連憲章ではこうした反省をふまえて、「戦争」の規定は「武力による威嚇又は武力の行使」にまで広げられた。この規定がケーディスによって書き加えられたのだ。彼自身もロースクールの学生時代に、パリ不戦条約の理念に深く共鳴していたという。「自衛権の否定」を削除する一方で、紛争解決の手段としての戦争をより明確に否定したのである。

こうしてマッカーサー、ホイットニー、ケーディスにより憲法九条の原型が起草された。それは、パリ不戦条約から国連憲章にいたる戦争違法化という世界の潮流を引き継いだものだった。

「戦争の放棄」の条文は最初、第一章に置かれていた。

天皇に関する小委員会担当だったリチャード・プールは全体の会合で、戦争の放棄を「憲法の条文に書くのはどうか」と疑問を投げかけたが、ケーディスは次のように切り返した。

「この条文の由来はどこだか知っているのか」

「知りません」

「これは元帥からきた考えです。何かこれ以上質問があるかね」

「もう、ありません」

元帥、つまりマッカーサー直々の発案であるというのだ。

こうして生まれた九条の原型は次の通りである。

国権の発動たる戦争は、廃止する。いかなる国であれ他の国との間の紛争解決の手段としては、武力による威嚇または武力の行使は、永久に放棄する。陸軍、海軍、空軍その他の戦力をもつ権能は、将来も与えられることはなく、交戦権が国に与えられることもない。(War as a sovereign right of the nation is abolished. The threat or use of force is forever renounced as a means for settling disputes with any other nation. No army, navy, air force, or other war potential will ever be authorized and no rights of belligerency will ever be conferred upon the State.)

(訳は、高柳ほか前掲書による)

もう一度、マッカーサー・ノートからどのような修正が行われたか確認しておこう。

①「自己の安全を保持するための手段としての戦争をも、放棄する」が削除された。ケーディスは自衛権は否定されるべきでないと考えていた。

②「武力による威嚇または武力の行使」が加えられた。これは国連憲章からとられ、侵略戦争を明確に否定した。

③「日本は、その防衛と保護を、今や世界を動かしつつある崇高な理念に委ねる」は若干修正されて前文に移された。

④「日本が陸海空軍をもつ権能は、将来も与えられることはなく」については「日本が」が削除され、「陸海空軍」に「その他の戦力(other war potential)」が加えられた。「その他の戦力」について、ケーディスは「他国に対して戦争を遂行するときに使用される軍需工場のための施設という意味で加えた」としている(西前掲書)。第一次世界大戦後の総力戦の時代に対応したものと考えられる。

⑤「交戦権」は、「日本軍(any Japanese force)」ではなく、「国(the State)」に与えられないと修正された。

ここで前文についても簡単にふれておきたい。担当したのは、アルフレッド・ハッシー中佐である。ハーバード大学で政治学を学び、ヴァージニア大学ロースクールを優秀な成績で卒業した弁護士だった。ジャーナリストの鈴木昭典がケーディスに前文の発想が誰のものか尋ねると、こう答えている。

「百パーセント、ハッシーです。マッカーサーでもホイットニーでもありません。彼は、この前文に、エネルギーのすべてをかけていましたから……。しかも彼は文章にはある種の自信を持っていて、他人に直されるのを非常に嫌いました」(鈴木昭典『日本国憲法を生んだ密室の九日間』)

その前文の第二段落は次のようになっている。

恒久の平和を念願し、今や人類を動かしつつある、人間相互の関係を支配する崇高な理想を深く自覚するが故に、われらは、われらの安全と生存を、平和を愛する世界の諸国民の公正と信義に委ねようと決意した。われらは、平和を維持し、専制と隷従、圧迫と偏狭を地上から永遠に除去しようと目指し、それに献身している国際社会において、名誉ある地位を占めたいと思う。われらは、すべての国の国民が、ひとしく恐怖と欠乏から免れ、平和のうちに生存する権利を有することを、確認し承認する。

(訳は、高柳ほか前掲書による)

前半にマッカーサー・ノートの一節が移設されている。後半は、大西洋憲章の影響が見られる。大西洋憲章とは、一九四一年八月、アメリカ大統領のフランクリン・ルーズベルトとイギリス首相のウィンストン・チャーチルが署名した共同宣言で、次のような条文があった。

「一切ノ国ノ一切ノ人類カ恐怖及欠乏ヨリ解放セラレ其ノ生ヲ全ウスルヲ得ルコトヲ確実ナラシムヘキ平和カ確立セラルルコトヲ希望ス」

この前文は戦後、自衛隊をめぐる訴訟のなかで、「平和的生存権」を規定したものとして注目されていくことになる。

天皇をシンボルに

戦争放棄とならんで日本国憲法の柱である象徴天皇制は、いつ誕生したのだろうか。

マッカーサー・ノートでは、天皇は国の最上位(at the head of the state)とされていた。誰がいつ象徴(symbol)に変えたのだろうか。

民政局の天皇に関する小委員会は、J・A・ネルソン陸軍中尉とR・A・プール海軍少尉が担当した。プールが所蔵していた書類のなかから、一九九二年五月、興味深い資料が見つかった。タイプ打ちされたマッカーサー・ノートに手書きの修正を加えたものだ。

特筆すべきは、at the head が消され symbol と書き換えられている点である。発見者の日本大学・河合義和教授は、この書き換えはケーディスによるとしていた。私たちは生前、ケーディスにこの点を尋ねた。ケーディスはいつ書き込んだものなのか記憶がないが、確かに自分の筆跡だと認めた。

「私が言葉を head から symbol に変えたのは、最初にタイプされていた head では曖昧で、天皇が君主としての特権を持つことを意味するかもしれないと思ったからです。国家の head では、イギリスの国王や女王のような儀式上の君主というよりは、天皇が依然として支配者としての絶対的特権を持っていることを意味すると私は考えました」

――正確には、symbol は何を意味するのですか。

「symbol という言葉は、生き物を使ってある考えを表す時に使われます。例えば、ライオンは勇気のsymbolと考えられています。ですから、天皇は国のsymbol、人々の統一体のsymbolということになります」

――権力という意味は入っていないのですか。

「その通りです。国民の、そして国のsymbolです。天皇に政治的権力を与えることはありません。私にとってsymbolとは、ある考えを表したものであり、天皇が政治に関連した力を持つことは意味しません」

――しかし、headという言葉には政治権力が含まれているということですか。

「天皇は国のheadであるという時には、天皇が絶対的支配者としての特権を持つことを意味すると考えられます。これは連合国が拒否していることでした」

――headとsymbolの違いは何ですか。

「headでは、国の頭という意味に解釈できるでしょう。symbolにはそのような意味はありません。イギリス国王や女王のような意味ですが、権力を行使することはないのです」

ケーディスは、天皇が実質的権限を持たない存在であることを明確にするため、symbolへの書き換えを行ったという。

なお、法規課長のラウエルは、象徴という言葉の発案者としてハッシーの可能性を生前、証言している。

「天皇に関する条項はどちらかと言うとハッシーが担当していて、「象徴」は、彼のことばであったように思います」

いずれにせよ、「象徴」という言葉はケーディス、ハッシーら運営委員会のレベルで早い時期に決められたと見てよいだろう。事実、二月六日には、天皇に関する小委員会で冒頭、ケーディスは次の点を強調した。

「天皇の有する一切の権限を厳重に制限しておくこと、および天皇は装飾的機能のみを有する旨を疑いの余地のないほど明白にしておくこと」(高柳ほか前掲書)

天皇に関する条文は、プールとネルソンが試案を作った。冒頭はこう記されていた。

「日本の主権は、日本国民に存し、これは国民の意志により成立し、国家により行使される。日本国は、その皇位が世襲により継承される歴代の天皇により君臨される」

プールはこの条文に次のような意味を込めた。「天皇には実権はないが、大事な意味のある地位におく。だが、戦前のような目的のために天皇が利用されるのを防ぐ」。

しかしラウエルが、「君臨する(reign)」は「統治する(govern)」という意味も含むと指摘し、削除されることになった。こうして第一条は次のように規定された。

第一条　皇位は、日本国の象徴であり、日本国民統合の象徴であって、天皇は、皇位の象徴的体現者である。天皇の地位は、主権を有する国民の総意に基づくものであって、それ以外の何ものに基づくものでもない。

(同前)

その後二月一二日の会合で、さらに修正が加えられた。

「皇位という言葉と天皇という言葉が並び用いられていることは、象徴の二重性の問題を生じている。簡明なものにするために神秘主義的な語感をもつ皇位という言葉が棄てられ、「天皇は、日本国の象徴であり、日本国民統合の象徴であって……」と改められた」(同前)

「皇位」という言葉が削除されたのである。その背後にどのような議論があったのか――。

この小委員会担当だったリチャード・A・プールは二〇〇六年二月、八六歳で亡くなった。生前、一九九二年に、ワシントン郊外の自宅に氏を訪ねた。玄関先に愛犬と一緒に現れたが、その名はなんと「ヒロヒト」だった。プールは一九一九年、横浜生まれで、誕生日は昭和天皇と同じ四月二九日だ。自分が天皇に関する小委員会のメンバーに選ばれたのも、こうした奇縁が関係しているかもしれないと冗談混じりに語ってくれた。

プールの曽祖父は日本に最初に派遣されたアメリカ領事で、祖父も、父のチェスター・プールも貿易会社の仕事で横浜に暮らした。一九二三年には関東大震災に遭い神戸に移住し、六歳の時、父の転勤に伴いアメリカに帰国した。国務省外務職員局に勤務。海軍に入隊し、GHQに配属され、再び日本の土を踏む。時に二六歳。

プールは、この二月一二日の会合について、次のように証言した。

「最初、私たちの草案は、天皇が国家と国民の統合を symbolize〔象徴する〕という意味でした。symbol とは、例えば国旗も国家の symbol です。

イギリスの女王も symbol ですが、実質的な権限はありません。女王は大使の任命その他を承認しますが、実際に任命することはありません。我々はそういう役割として symbol を考えていました。

二月一二日の会合で、確かに symbol という言葉については多少の議論がありました。ネルソンと私が、まず皇位は国家の symbol で、天皇はその symbolic に人格化したものであるという考えを出しました。しかし議論の結果、これを簡素化することになり、「天皇は国家および国民統合の symbol」となったのです。しかし、symbol という言葉は残りました」

symbol(象徴)という言葉についてプールは次のように考えている。

「象徴という言葉は、ことの成り行きから自然に出てきた言葉で、誰が発案したものかはわかりません。誰もが当然のごとく、象徴という言葉を使っていました」

実は「象徴」という言葉は、すでに戦中から駐日大使だったジョセフ・グルーや国務省内の知日派によって使われていた。戦後はマッカーサーの副官だったボナ・フェラーズが用い、先述した一月二五日の極秘電のなかでも「日本国民統合の象徴」と記されていた。プールが証言するように天皇を「象徴」ととらえることは、GHQ内部では共通の認識になりつつあった。

プールによれば、何よりも念頭に置いたのは、戦前のように天皇に実権を与えず、天皇が再び軍国主義に利用されるのを防止することにあったという。

「明治憲法では、天皇は主権の源で、権力の源泉でした。このため、権力のある他の人々に天皇が濫用されることもあり得ましたし、現実にそうなってしまいました。

これが、日本が第二次世界大戦を引き起こすにいたった重要な要因であると私は考えました。それで、私たちはこの役割をそのままにするわけにはいかないと強く主張したのです。私には、天皇の名のもとに、その権限が他の人々によって利用されることもあるのではないかという不安がありました。そこで天皇の役割を、実権はなくシンボル的な意味を持たせるものに変更しようとしたのです。しかも憲法草案には、権力は国民の側にあるという意味で「主権在民」、そして天皇は主権者である国民に依存する旨を明記しました。これは戦前の考えとはまったく異なるものでした。

当時、天皇制そのものをまったくなくしてしまおうという考えも、確かに連合国側にありました。極東委員会では、そのような声も聞かれました。アメリカ国内でも、例えば上院でもそのような声はありました。ただし、それが全体一致の意見というわけではなく、一部に天皇制廃止を支持する声もあったということです。その両方の勢力の均衡をとることも大事でした。そのためにも、憲法草案にあるように、天皇を重要ではあるがシンボリックな役割にとどめることは、天皇制廃止論者の声を抑えながら、天皇制を維持する一方法であると考えたのです」

かくしてGHQ草案の第一条は次のようになった。

第一条　天皇は、日本国の象徴であり、日本国民統合の象徴である。この地位は、主権を有する国民の総意に基づくものであって、それ以外の何ものに基づくものでもない。

（訳は、高柳ほか前掲書による）

ここに今日の象徴天皇制が誕生したのである。

ＧＨＱの最終草案では、天皇に関する条文が第一章にきたため、「戦争の放棄」は第二章の第八条に移された。これは大日本帝国憲法（明治憲法）の編制にならい、その改正という形をとったからである。

二月四日の民政局の会合でも「構成、見出しその他の点で、現行の日本の憲法の例に従うものとする」とされていた。もともとポツダム宣言で「日本国民の自由に表明せる意思」による変革が求められており、日本も批准したハーグ陸戦法規の第四三条では、「占領者は絶対的な支障がない限り、占領地の現行法律を尊重して、なるべく公共の秩序及び生活を回復確保する為、施せる一切の手段を尽くさなければならない」とされていた。これに基づき、ＧＨＱは明治憲法の改正という方針で臨んでいた。

ＧＨＱ草案で示された「象徴天皇制」と「戦争の放棄」。それは、ペニシリン会談で幣原とマッカーサーが合意した根本方針を憲法に条文化したものでもあった。

男女平等を書いたベアテ

ＧＨＱ草案で特徴的なのは人権規定である。とりわけ戦後日本に影響を与えた条文に、男女平等がある。これは、民政局のスタッフで数少ない女性だったベアテ・シロタ・ゴードンの発意によっている。

人権委員会のメンバーだったベアテには草案作成の間、念頭を離れなかった思いがある。

「日本の女性が幸せになるには、何が一番大切か」

先述したように、ベアテは五歳から一五歳までを日本で過ごした。東京・乃木坂の家の近所には洋画家の梅原龍三郎が住んでおり、音楽家、芸術家たちとの多彩なつきあいがあった。

父はピアニストで音楽教師、母もピアノの先生。女性も仕事をし、同じ権利を持った人間として生きていた。しかし、昭和初期、近所に住む家庭を訪問すると、女性は奥で食事の支度をして、男性が全てを決めている日常があった。

母からは、親の意向で自分の好きな人と結婚のできない女性の話を聞かされた。

「自分の目で見て、女性が圧迫されて大変だったということをよく知っていたんです。あの時、私とても若かったから、女性のことが、私の心に入ってたんです。だから、私は特別に女性のために何かしたかった。その人のためにヒューマニスティックな憲法を書きたいと思ってたんですよ。その気持ちがとっても強かった」

二月五日午前中、ベアテはまず世界各国の憲法を読み、特に女性の規定を抜き書きした。

ワイマール憲法とソビエト憲法がベアテを夢中にさせた。

「ワイマール憲法　第一一九条〔婚姻・家族・母性の保護〕

一　婚姻は、家庭生活および民族の維持・増殖の基礎として、憲法の特別の保護を受ける。婚姻は、両性の同権を基礎とする。〔……〕」

翻って日本の戦前の民法はどうか。ベアテは辞書を引き引き分厚い「民法」と格闘した。

「日本女性は、裁判を起こすこともできないし、財産の相続権もない無能力者なのだ。まして、選挙権などというのは全くなかった」

ベアテはワイマール憲法一一九条を参考に女性の権利保障を書き記していった。彼女の担当は、人権条項の中で「具体的な権利と機会」だった。男女平等、母性の保護、無償の義務教育、児童労働の禁止、最低限度の生活保護……彼女は「新しいデモクラシーを作る」という思いで懸命に、執筆した。

二月七日には人権委員会のメンバーがそれぞれの条文を持ち寄り検討した。

中心的役割を果たしたのが、ロウスト陸軍中佐である。ロウストはこれまでの日本になかった国籍や人種にとらわれない人権規定を盛り込もうとした。多くの条文の主語は、people。そして、法の下の平等を定めた第一三条では「All natural persons〔すべての自然人〕」が主体とされていた。

「第一三条　すべての自然人は、法の前に平等である。人種、信条、性別、社会的身分、カーストまたは出身国により、政治的関係、経済的関係または社会的関係において差別がなされることを、授権しまたは容認してはならない」

古関彰一はこう読み解く。

「GHQが考えたのは、全ての自然人は法の下に平等ということです。自然人とは、どんな国籍であろうと、人種であろうと、全て人間ということです。GHQ側はアメリカ独立宣言に出てくるように「すべての人間は生まれながらにして平等」という考え方を持ち込んだと考えられます」

アメリカの憲法では、何人に対しても「法の平等な保護」が認められていた。フランス人権宣言では、権利の主体は「人」。ドイツ基本法では「すべての人」とし、国民と外国人を区別していなかった。

特筆すべきは外国人の権利を規定していたことである。

「第一六条　外国人は、法の平等な保護を受ける」

古関彰一が指摘するように、この条文が実現していれば、後に「『指紋押捺』問題などおこりえようはずもなく、本来の意味での『国際国家』にふさわしい人権規定となったであろう」。しかし、その後日本政府は第一三条の「出身国」、そして第一六条全文を削除してしまう。

ロウストはまた、自由権についても詳細に描き込んだ。そこには検閲の禁止、言論・出版など表現の自由などが盛り込まれた。さらに、アメリカの憲法にもない土地国有化までが記されていた。この条文は、後に日本政府から「まるで社会主義憲法のようだ」と驚かれ、「レッド条項」と呼ばれることになる。

人権委員会の試案は四一条に及び、一条一条も長く、頁数で一〇頁を超えた。

ようやくまとまった二月八日、ケーディスら運営委員会と検討が始まった。

試案の第一九条から二五条までは社会保障に関する条文が並んでいた。これらの草案をケーディスが見ていった。

「ベアテ、あなたはアメリカの憲法以上に女性の権利を作りましたね」

「アメリカの憲法には『女性』の条文が全然入っていないでしょう」

彼女が答えると皆が笑った。

ベアテの書いた条文には次のような詳細な規定があった。

「第一九条　妊婦と乳児の保育に当たっている母親は、既婚、未婚を問わず、国から守られる。彼女達が必要とする公的援助が受けられるものとする。嫡出でない子供は法的に差別を受けず、法的に認められた子供同様に、身体的、知的、社会的に成長することに於いて機会を与えられる。

第二〇条　養子にする場合には、その夫と妻、両者の合意なしに、家族にすることはできない。養子になった子供によって、家族の他のメンバーが不利な立場になるような偏愛が起こってはならない。

長子〔長男〕の単独相続権は廃止する」

ケーディスはこの条文を削除しようとした。

「妊婦のこと、子どものこと色々書かなくても、基本的な自由だけでいいでしょう」

この日、「憲法に入れるには細かすぎる」というケーディスと「最近のヨーロッパの憲法では常識」とするロウストとの間で議論となり、深夜になった。結局、民政局長のホイットニーが次のような判断を下した。

「社会立法に関する細々とした規定は削除して、社会保障制度を設けるという一般的な規定のみを置く」

こうして、ベアテが書いた多くの条項は削除された。児童の医療の無償化、幼児労働の禁止、最低賃金の保障、雇用の男女平等、十分な社会保障システムなどである。今日、日本で課題となっているものが多い。

「私とても悲しくて、泣いちゃったんです、偉い人の前で本当に泣いちゃったんです。この社会福祉の権利もね、とても入れたかったんです。それを消したんですよ、ケーディスと運営委員が……」

残ったのは次の条文だった。

家庭は、人類社会の基礎であり、その伝統は、善きにつけ悪しきにつけ国全体に浸透する。婚姻は、両性が法律的にも社会的にも平等であることは争うべからざるものである(との考え)に基礎をおき、親の強制ではなく相互の合意に基づき、かつ男性の支配ではなく(両性の)協力により、維持されなければならない。これらの原理に反する法律は廃止され、それに代って、配偶者の選択、財産権、相続、本居の選択、離婚並びに婚姻および家庭に関するその他の事項を、個人の尊厳と両性の本質的平等の見地に立って規制する法律が制定されるべきである。(訳は、高柳ほか前掲書による)

これが日本国憲法第二十四条になる。

結局、人権規定は四一条から、削除され三一条に減ったが、GHQ草案九二条のうち、全体の三分の一に及んだ。明治憲法にはなかったこれらの人権規定が、日本国憲法の柱となっていく。

こうして二月一二日夜、一一章九二条からなるGHQ草案が完成した。二〇枚の原稿は、ステンシル・ペーパーという謄写版用の原紙に打たれ、複写は三〇部作られた。

日本国憲法草案(Proposed Constitution for Japan)。ここに、象徴天皇、戦争放棄、国民主権を柱とする全く新しい憲法草案が誕生したのである。

第6章　GHQ草案受け入れへ

昭和天皇と憲法改正案

GHQが夜を日に継ぐ作業で憲法草案を作成していた二月七日――。

午後一時四五分、国務大臣の松本烝治は、皇居・御文庫で「憲法改正要綱」について昭和天皇に約二時間にわたって奏上した。『昭和天皇実録』によれば、この日、天皇から御下問があり、九日、天皇は改めて松本を召し自らの意見を述べている。

「天皇は、〔……〕大日本帝国憲法第一条「大日本帝国ハ万世一系ノ天皇之ヲ統治ス」は語感も強く、第四条「天皇ハ国ノ元首ニシテ統治権ヲ総攬シ此ノ憲法ノ条規ニ依リテ之ヲ行フ」との重複もあるため、両条を合併して「大日本帝国ハ万世一系ノ天皇此ノ憲法ノ条章ニヨリ統治ス」とし、従来の統治権の「権」を除くこと、第五七条「司法権ハ天皇ノ名ニ於テ法律ニ依リ裁判所之ヲ行フ」の「天皇ノ名ニ於テ」の部分を削除することの可否につき御下問になる」

天皇大権の部分的な修正にはとどまっているものの、昭和天皇が松本の改正案に懸念を抱いていたことがうかがえる。

二月一二日の実録には、この点がより明確に記されている。この日午前、天皇は木下侍従次長に次のように語った。

「松本は自己の在任中に憲法改正を終了したき意思の如し。これは幣原にも云おうと思うが、左程急がずとも改正の意志を表示し置けば足ることにて、改正案は慎重に論議をなさしむべきなり。松本の考えにては現行憲法中、手を触れざる点、即ち、現行のままとしてある所について議論が出たときは、議会に其の権能なしとして、これを拒絶する考えなりと。これは如何なるものなりや」(木下道雄『側近日誌』)

松本が議会での審議も経ずに明治憲法の部分的修正を進めようとしていることに、昭和天皇は危惧の念を抱いていた。

木下は答えた。

「この点は重大なり。憲法中改正か、憲法の改正か、二者何れなりやの議論必ず出ずべし。むしろ憲法改正とされては如何」(同前)

松本の頑なな姿勢は、軍規定の削除をめぐって、憲法問題調査委員会や閣議でも論議を呼んでいたが、昭和天皇も疑問を抱かざるをえなかったようだ。

二月八日、松本烝治は「憲法改正要綱」とその説明書をGHQに提出した。この要綱は閣議決定されていなかった。

GHQ民政局は直ちに分析し、二月一二日、覚え書きにまとめている。その内容は厳しいものであった。例えば、天皇の条文は次のように批判されている。

「a 〔……〕第三条の「神聖ニシテ」という言葉を、「至尊ニシテ」と改正しようとしているにすぎない。これでは、主権はこれまで通り完全に天皇に属することになり、主権についての観念は基本的には変更が加えられていないことになる。

b　第五条に対しては、全く改正が提案されておらず、天皇は依然として立法権を行使するものとされている」(高柳賢三ほか編著『日本国憲法制定の過程　1』)

このほか、「基本的人権を充分に認めていない」などポツダム宣言の目的を満たしていない点が列記されていた。

ポツダム宣言の履行という大前提を理解していなかった松本。GHQ草案によって大きな衝撃を受けることになる。

GHQ草案の衝撃

二月一三日、東京・麻布の外務大臣官邸でGHQ草案が日本側に手交された。官邸といっても広い庭がある和風の邸宅である。

午前一〇時きっかりにホイットニー、ケーディス、ハッシー、ラウエルの四人が到着。終戦連絡事務局参与の白洲次郎がサンルームに案内した。この日の会談については、ケーディス、ラウエル、ハッシーの三人が記憶を持ち寄り臨場感あふれる報告書を残している。以下、これに基づいて会談を再現してみよう。

吉田外相、松本国務相、外務省の通訳・長谷川元吉は、テーブルの上に松本案を広げて待ちかまえていた。日本側は、八日に提出した松本案への返事を聞けるものと期待していた。

ホイットニーは、一語一語念を押すようにゆっくりと語った。

「先日あなたがたが提出された憲法改正案は、自由と民主主義の文書として最高司令官〔マッカーサー〕が受け容れることのまったく不可能なものです」

日本側にとって予想だにしない発言だった。

「最高司令官は、ここに持参した文書を、日本の情勢が要求している諸原理を具現しているものとして承認し、私にこれをあなたがたに手交するよう命じました。この文書の内容については、あとでさらに説明しますが、それをあなたがたが十分理解できるよう、私も私の属僚も、ここで退席し、あなた方が自由にこの文書を検討し討議できるようにしたいと思います」

衝撃で、呆然とした表情を見せる日本側。特に吉田の顔には、驚愕と憂慮が現れた。「この時の雰囲気は、劇的緊張に満ちていた」とGHQの報告は伝えている。

日本側にも約八〇〇字の手書きの記録が残されている。「二月十三日会見記略」である。そこには、ホイットニーが「極メテ厳格ナル態度」でこう宣言したと記している。

「日本政府ヨリ提示セラレタル憲法改正案ハ司令部ニトリテ承認スヘカラサルモノ（アンアクセプタブル）ナリ」

「unacceptable〔受け容れがたい〕」という言葉はGHQの報告にもある。

呆然としている日本側に、通し番号をふったGHQ草案が一五部配られた。

一〇時一〇分、ホイットニーらはサンルームを去り、庭に出た。その時、日本側を威圧するかのようにアメリカ軍の飛行機が一機、上空を飛び去った。

ＧＨＱ案を初めて眼にした日本側は驚愕した。松本は後にこう語っている。

「天皇は象徴である、シンボルであるという言葉が使ってあった。憲法のようなものに文学書みたいなことが書いてあると思って、大いにびっくりしたのであります」

一五分後、白洲次郎が庭先に出ると、ホイットニーが言った。

「われわれは、戸外で原子力の起こす暖〔atomic energy＝太陽の熱〕を楽しんでいるのです」

原爆投下から半年あまり。アトミックという言葉は白洲をいたく刺激した。

三〇分後、一〇時四〇分過ぎに、サンルームで会談が再開された。松本が切り出した。

「草案を読んでその内容は分かったが、自分の案とは非常に違うものなので、総理大臣にこの案を示してからでなければ、何も発言できない」

ホイットニーはこう述べた。

「最高司令官は、天皇を戦犯として取調べるべきだという他国からの圧力、この圧力は次第に強くなりつつありますが、このような圧力から天皇を守ろうという決意を固く保持しています。〔……〕しかしみなさん、最高司令官といえども、万能ではありません。けれども最高司令官は、この新しい憲法の諸規定が受け容れられるならば、実際問題としては、天皇は安泰になると考えています」

ホイットニーは、天皇個人の処遇の安泰を望むなら、この憲法草案を受け容れるよう、日本側に求めたのである。この発言を松本は次のように記録していた。

「「マクアーサー」元帥ハ予テヨリ天皇ノ保持ニハ深甚ノ考慮ヲ運ラシツツアリタルカ日本政府カ此

ノ提案ノ如キ憲法改正ヲ提示スルコトハ右ノ目的達成ノ為必要ナリ
之ナクシテ天皇ノ身体(パーソン・オブ・ゼ・エンペラー)ノ保障ヲ為スコト能ハス」

憲法改正案を受諾しなければ、天皇の身体の保障はできないという脅しとも言える表現になっている。しかし、GHQ側の記録にはここまでの表現はないし、ケーディスもこうした発言はなかったと証言している。白洲次郎の手記には次のように要約されている。

「本案ハ天皇制ヲ支持シ天皇反対者連中ヨリ天皇ヲ護ル唯一ノ方法ナリ」

白洲のほうが正確な受け取り方だろう。

日本側にとって、この案を拒否した時、天皇訴追という最悪のシナリオもあり得ることを忠告されたといえよう。GHQは、あえて天皇不訴追の意向を日本側に知らせず、その不安と危険性を指摘することで、自らのイニシアティブのもとでの憲法改正を推進しようとしていた。

吉田は、両手をズボンにこすりつけ、前後に動かしていた。天皇を崇拝すること誰よりも篤いと自負していた吉田にとって憂慮すべき事態である。松本が述べた。

「ホイットニー将軍の言ったことはすべて完全に理解したが、このことを総理大臣に知らせ、かつ憲法草案について検討し討議する機会をもつまでは、ホイットニー将軍に回答することはできない」

最後にホイットニーはこう述べた。

「最高司令官は、憲法問題は総選挙よりもかなり前に国民に示されるべきであり、かつ国民は憲法改正問題につき自由にその意思を表明する機会を十分に与えらるべきだと、確信しております。前に申しましたように、マッカーサー将軍は、この案の提出を日本政府の手に委ね、最高司令官がそれを強く支持するという方法をとる用意がありますが、もしそういう手段がとられなかったときには、必要なら自らこの案を日本国民に提示する用意があります」

もしこのGHQ草案を日本政府が受諾しなければ、国民に公表するというのだ。なぜ、ここまで強気の発言ができたのか。古関彰一は、憲法研究会の草案などを分析していたことがここでも生きていたのではないかと推論している。

「日本のなかにもこういう意見がある、という確証がGHQにはあるわけです、したがってそれに近いGHQ案を示してもきっと受け入れられるに違いないという確信があったんだろうと思います」

一一時一〇分、一行は外相官邸を辞した。日本の運命を決めたこの会談はわずか一時間あまりで終わった。

松本は直ちに幣原首相に報告した。

『徳川義寛終戦日記』によれば、翌二月一四日午前一一時五分から、幣原首相は宮中の表拝謁の間で約一時間三〇分にわたって拝謁。さらに、一六日午後一時四〇分から二時三〇分まで拝謁している。幣原はGHQ草案について昭和天皇に報告したのだろうか。『昭和天皇実録』はその内容については何も記していない。入江俊郎は次のように証言している。

「案が来てもすぐには申上げなかったと思います。あの当時の考え方としては、なまじっかなことを陛下に申し上げてしまうと、却つて内閣の重大責任を負うという頭が強かった」(入江俊郎『憲法成立の経緯と憲法上の諸問題』)

白洲次郎のレター

サンルームの会談は、松本や吉田にとって大きな衝撃だった。吉田の意を受けてGHQへの説得を試みたのが、白洲次郎である。

白洲はケンブリッジ大学を卒業後、日本水産に入り、ロンドンのジャパン・ソサエティー幹事としても活躍。一九三六(昭和一一)年、特命全権大使として赴任してきた吉田茂と親交を結んだ。美術評論家として知られる夫人の正子とは、吉田と親交のあったことが縁の始まりともいわれる。敗戦後、イギリス仕込みの英語を駆使して、GHQとの連絡役となっていた。

白洲は一三日の午後、そして一四日と連日、ホイットニーを訪ね、一五日には、後に「ジープ・ウエイ・レター」と呼ばれる書簡をホイットニーに送った。白洲は「貴下の草案は非常にショックでした」としながら、松本は若い頃は社会主義者でしたとまで述べ、GHQも日本政府も、最終的に目指す目標は民主政治であり、同じであることを強調した。

「貴下と同様、この国が、これを機にはっきりと立憲的な民主的な基礎の上におかれることを切望しています。彼〔松本〕を始め閣僚は、貴下のものと彼らのものとは、同じ目的を目指しているが、選ぶ道に次のような大きな差異があると考えています。貴下の道は、直線的、直接的なもので、非常にアメリカ的です。彼らの道は、回り道で、曲がりくねり、狭いという、日本的なものにならざるをえません。貴下の道はエアウェイ(航空路)といえましょうし、彼らの道はでこぼこ道を行くジープ・ウエイといえましょう」(高柳ほか前掲書)

そこには、山越えしていく迂回路と航空路の手書きの図解まで付されていた。目標は同じだが、漸進的な改革を望むという論旨である。

これに対し、一六日のホイットニーの返事は、日本側が国際情勢を理解していないことに向けられた。すなわち、憲法改正は日本やGHQだけの問題ではなく、世界の関心事だというのである。

「世界の世論が十分に満足されなければならないということを、理解していただかねばなりません。つまるところ、日本政府がこの問題に思い切った解決を与えるか、最高司令官が自ら措置をとるかしない限り、外部から日本に対して憲法が押しつけられる可能性がかなりあり、そうなったときの新しい憲法は〔……〕厳しいものになり、お渡しした文書で最高司令官が保持できるよう計っておられる伝統と機構さえも、洗い流してしまうようなものとなるでありましょう」

ここでホイットニーが言う「外部」とは極東委員会であろう。もし、この草案を日本政府が拒絶すれば、極東委員会からさらに急進的な憲法草案を突きつけられる可能性は確かにあった。その場合、天皇制について厳しい意見を持つソ連やオーストラリアが口を挟んでくるだろう。日本政府が望んでいる国体(天皇制)の護持そのものも危うくなる。ホイットニーは遠回しにその危険性を述べたのだが、日本側はこうした憲法を取り巻く国際情勢を十分に認識できていなかった。

松本は日本政府案の説明書、「憲法改正案説明補充」を作成。二月一八日午後三時三〇分、白洲にGHQへ届けさせた。ホイットニーは一読してこう述べた。

「この松本博士の説明書は、繰り返し松本案を擁護していますが、すでに述べたように、日本国民が当然受けるべき自由と民主主義を求める機会を与える文書としては、松本案は不適当であるとしてマッカーサー最高司令官から拒絶されています」

ホイットニーは、マッカーサーが承認しているのは二月一三日に手交したＧＨＱ草案であることを再確認した上で、尋ねた。

「この「補足説明」なるものが内閣の見解を代表しているのか」

白洲は答えた。「内閣の見解ではなく松本博士の見解であると思う」

「私が手交した憲法草案が閣議にかけられたのか」

「閣議にかけられた」

進退窮まって白洲は嘘をついた。ホイットニーはついに、最後通告を発する。

ＧＨＱ草案を受け入れるか否か、四八時間以内に幣原内閣から回答すること。もし回答がなければ、マッカーサーはＧＨＱ草案を直接国民に示し、まもなく始まる選挙で主要な争点にするというのである。

幣原内閣の討議

二月一九日、午前一〇時一五分、憲法改正問題を討議する閣議が開かれた。この時の模様は、幣原内閣で厚生相を務めた芦田均が日記に記録している。それによれば、蒼ざめた表情の松本烝治国務相がまず発言した。

「極めて重大な事件が起った」

松本はＧＨＱとの交渉のいきさつを詳細に報告し、ホイットニーの発言をこう紹介した。

「MacArthur は日本天皇を支持するものであって、この案は天皇反対者から天皇の person を護る唯一の方法である」

報告を受けると、三土忠造《みつちちゅうぞう》内相、岩田法相は言った。

「吾々は之を受諾できぬ」

松本は興奮している様子である。芦田が発言した。

「若しアメリカ案が発表せられたならば我国の新聞は必ずや之に追随して賛成するであろう、其際に現内閣が責任はとれぬと称して辞職すれば、米国案を承諾する連中が出てくるに違いない、そして来るべき総選挙の結果にも大影響を与えることは頗る懸念すべきである」

結局、問題が重大なので、幣原首相が至急、マッカーサーを訪問することになった。

二月二一日、幣原首相とマッカーサーの会談は三時間に及んだ。

その内容は、翌二二日に開かれた朝の定例閣議で報告され、芦田厚相が記録している（『芦田均日記』）。

会談は、マッカーサーの次のような演説から始まったという。

「吾輩は日本の為めに誠心誠意図って居る。天皇に拝謁して以来、如何にしても天皇を安泰にしたいと念じている。幣原男《ママ》が国の為めに誠意を以て働いて居られることも了解している。然し Far Eastern Commission〔極東委員会〕の Washington に於ける討議の内容は実に不愉快なものであったとの報告に接している。それは総理の想像に及ばない程日本にとって不快なものだと聞いている。自分も果していつ迄此の地位に留りうるや疑わしいが、其後がどうなるかを考える時自分は不安に堪えぬ。ソ連と濠州とは日本の復讐戦を疑惧して極力之を防止せんことを努めている。米国案は憲法をproclaim〔発布〕するのは天皇であるとしているし、第一条は天皇が相承けて帝位に留まられることを規定して居る。従って日本案との間に越ゆ可《べか》らざる溝ありとは信じない。むしろ米国案は天皇護持の為めに努めているものである」

マッカーサーは極東委員会の動きを伝え、戦争の放棄と主権在民を謳ったこの憲法を採択することが、天皇制を守ることにつながると力説した。

「此際日本政府は国内の意向よりも外国の思惑を考える可きであって、若し軍に関する条項を保存するならば、諸外国は何と言うだろうか、又々日本は軍備の復旧を企てると考えるに極っている。日本の為めに図るに寧《むし》ろ第二章〔草案〕の如く国策遂行の為めにする戦争を抛棄すると声明して日本がMoral Leadership〔道徳的指導権〕を握るべきだと思う」

憲法で戦争を放棄し、日本が再軍備するのではないかという連合国の疑念を払拭する。それだけでなく、日本がモラル・リーダーになるべきだという発言に、幣原首相は疑問を差し挟んだという。

「leadershipと言われるが、恐らく誰もfollower〔追随者〕とならないだろう」

「followersが無くても日本は失う処はない。之を支持しないのは、しない者が悪いのである」

マッカーサーは、松本案では連合国から日本の真意が疑われると主張した。

「此際は先ず諸外国のReactionに留意すべきであって、米国案を認容しなければ日本は絶好のchanceを失うであろう」

ここで幣原が「戦争の放棄」の憲法で、規定に疑問を示したことは、取りも直さず、幣原が九条の発案者ではないということを裏付けていよう。ただし、幣原は理念としての「戦争の放棄」は一月二四日のペニシリン会談で主張しており、マッカーサーの考えは十分、理解できた。また、極東委員会をめぐる緊迫した情勢に改めて目を開かされたと思われる。幣原の気持ちはGHQ草案受け入れへと傾いていた。

しかし、閣議で松本はかなり興奮した面持ちで疑問を呈した。日本語に書き直すには時間不足であり、貴族院は承諾しない。「外より押しつけた憲法」は混乱を生むだけだと。

安倍《あべ》能成《よししげ》文相は沈痛な面持ちで、天皇と戦争放棄の条文は明治憲法とは大きな相違があると指摘した。

これに対し、芦田厚相は冷静に受け止めて、発言している。

「戦争廃《ママ》棄といい、国際紛争は武力によらずして仲裁と調停により解決せらるべしと言う思想は既にKellog Pact〔不戦条約〕とCovenant〔国際連盟規約〕とに於いて吾政府が受諾した政策であり、決して耳新しいものではない。敵側は日本が此等の条約を破ったことが今回の戦争の原因であったと言っている。又旧来の欽定憲法と雖《いえども》、満州事変以来常に蹂躙《じゅうりん》されて来た。欽定憲法なるが故に守られると考えることは誤である」

芦田は正しく、戦争放棄の国際的な潮流をつかんでいた。戦前、外交官としてヨーロッパに駐在し、一九三三年から三九年までジャパン・タイムズ社長を務めた芦田ならではの発言だろう。

結局、象徴天皇と戦争の放棄は基本原則だが、その他については妥協の余地はあると幣原、三土内相、副島農相が発言。法制局次長だった入江俊郎によれば、「アメリカ案を基本として、できるだけ日本側の意向を取入れたものを起案してみることにしよう」という方針で一決した。

「これでいいじゃないか」昭和天皇の諒解

二月二二日の閣議を受けて、幣原首相は同日午後二時五分、皇居御文庫で昭和天皇に拝謁し、これまでの経緯を奏上し、GHQ草案を提出した。

この時、昭和天皇はどのような判断を示したのか――。『昭和天皇実録』には、詳細が記されていない。

GHQ民政局が後にまとめた「日本の政治的再編成」では次のように記録されている。

「裕仁はちゅうちょされなかった。彼は幣原に最も徹底的な改革を、たとえば天皇御自身から政治的権能のすべてをはく奪するほどのものであっても、全面的に支持すると勧告された」

また、幣原平和財団が編纂した『幣原喜重郎』にも同様の記述がある。

「天皇は敢然として「最も徹底的な改革をするがよい。たとえ天皇自身から政治的権能のすべてを剝奪するほどのものであっても、全面的に支持する」と仰せられた。そこで幣原首相は最後の肚をきめて閣議に臨み、詳細な報告を受けることにしたのである」

この伝記では、幣原は閣議の前に天皇に奏上したことになっているが、実録によれば、閣議後である。こうした天皇の発言については「積極的過ぎる」と疑問視する声もあった。

二〇一七年、高見勝利が新たな資料を発見した。松本が幣原から聞いた話を宮沢俊義が聴き取り、手書きでノートに記したものである。一九四七年五月一八日に、松本宅を訪ねた宮沢が自宅に帰って「記憶している限りを書きとめ」たもので、原本は、立教大学図書館の宮沢俊義文庫に保管されていた。

「幣原喜重郎談話
二月の二〇日頃だったか、(この辺の日は不正確)マカアサア元帥と会った。元帥曰く。「天皇の問題については、自分は諒承しているが、南と北とから、反対がある。天皇を象徴とする憲法を承認するということは、日本の為にのぞましいと思う」。[南とは豪州、ニュージイ《ママ》ランド、北とはソ連だろう。]
それから陛下に拝謁して、憲法草案(先方から示されたもの)を御目《おめ》にかけた。すると陛下は「これでいいじゃないか」と仰せられた。自分はこの御一言で、安心してこれで行くことに腹をきめた」(原田一明「宮沢俊義文庫(二)新憲法制定に関する松本烝治先生談話(一九四七)」)

発見者の高見はこう評している。
「「これでいいじゃないか」の方が、天皇の肉声に近いものと言えるのではなかろうか。そして、この「御一言」で、幣原の迷いも吹っ切れ、「これで行く」腹が決まり、政府案の作成に向けた動きがようやく始まるのである」(高見勝利「「平和国家ノ確立」から「平和憲法の公布」まで」)
幣原はこれまでも、天皇のために外国人記者への回答書で「非武装の平和」をしたため、一月二五日には、戦争放棄を提案したペニシリン会談について天皇に報告していた。さらに、二月一四日、一六日に宮中に参内しており、その上でこの日のＧＨＱ草案の提出となった。「平和国家ノ確立」を自ら示してきた昭和天皇は、内外情勢をふまえ、戦争放棄と天皇制の維持が示された憲法草案を諒解したのである。

幣原の拝謁の三日前、二月一九日から昭和天皇は全国の巡幸を始めていた。

一九日午前中は、川崎市の昭和電工川崎工場を訪れた。食糧増産にかかせない化学肥料の製造に携わる労働者を励ました。この川崎工場の巡幸は後日、ラジオで全国放送された。天皇の肉声が電波に乗ったのは、玉音放送以来のことであった。午後には横浜市の戦災者用バラック住宅を訪ねている。

被災者に「これでは寒いであろう」と語りかけた。

「はい、大変寒うございます」

「あっそう」

やがて「あっそう」は流行語になる。

全国巡幸は一九五四(昭和二九)年まで続き、移動距離は三万三〇〇〇キロに及んだ。現人神《あらひとがみ》から人間天皇、象徴となった新たな姿を国民に示していくのである。

ＧＨＱ草案受け入れへ

幣原が参内し、昭和天皇の諒解を得た二月二二日——。

松本国務相は吉田外相、白洲とともにＧＨＱ民政局を訪ね、ホイットニー、ケーディス、ハッシーと会談した。松本はＧＨＱ草案のうち、基本的に変更を許さない条文は何かを問い、一院制から二院制への変更は認められた。
しかし、戦争の放棄についてはGHQ側の方針は変わらなかった。

松本「戦争の放棄を、独立の一章とする代わりに、前文の中にいれてはどうでしょうか」
ホイットニー将軍「戦争の放棄を独立の一章としたのはそれだけの考えがあってのことで、この重要な条項を可能な限り最大限に強調するためなのです。〔……〕マッカーサー元帥は、他の何にもまして第一番に、この原則によって、(日本が)世界から好意的な眼で注視されるようになるだろうと思っています。そしてまさに現在、日本は世界から好意的な眼で注視される必要があるのです」
松本「このような原則を、前文にではなく憲法の本文に記すということは、異例のことです」
ハッシー海軍中佐「私たちは、戦争放棄は基本法の本体に記しておくべきだと思います。というのは、そうすれば、この条項は真に力強いものとなるからです」
ホイットニー「この原則の宣明は、異例で劇的な形でなさるべきです。この原則を、憲法草案の第一章ではなく第二章としたのは、天皇および天皇が日本国民の心の中に占めている地位に敬意を表してのことです。私自身としては、この原則が決定的重要性をもつことに鑑み、戦争の放棄を新憲法草案の第一章に置きたいと考えるくらいです」(高柳ほか前掲書)
GHQ側は、戦争放棄の条文は、日本が国際社会で認められるために不可欠な基本原則であるとして譲らなかった。

二月二五日、午前八時から開かれた臨時閣議で、松本はホイットニーとの会談を報告。芦田によれば、ここでGHQ草案の第一章と、第二章の翻訳第一稿が初めて朗読された。芦田は「余り感心しない訳文もある」と記している。入江によれば、この二五日には「最初の一部分の日本語訳をガリ版として」参考のため配布したが、閣議終了後、回収してしまった。

驚くべきことに、日本語の全文訳が配布されたのは翌二月二六日の閣議だった。GHQ草案を手交されてから一三日もたっている。遅きに失したと言わざるを得ない。古関彰一が指摘するように、多くの閣僚は日本語訳のないまま議論し、受け入れを決めてしまったのである。

こうして生まれた戦争放棄の条文。当時、日本の法制局担当者は、象徴天皇ほどには重要視していなかった。松本は別として大きな抵抗はなかった。法制局第一部長だった佐藤達夫はこう回想している。

「乙案〔宮沢乙案のこと〕でも、軍隊に関する規定を全部落としておる。そういう気持ちでおったから、マ〔マッカーサー〕草案の第八条についても、天皇制に対するショックとは比べものにならないものであった」(「憲法制定の経過に関する小委員会報告書」)

日本側でも、宮沢俊義らが軍規定を削除した草案を作ってきた経験があった。そもそも、ポツダム宣言を受け入れ、武装解除されることは当然との考えが多かったのである。

この後、GHQ草案は新たに日本人の手で重要な修正が加えられ、日本化、土着化とよばれる過程を経ることになる。次に、その経緯を国際的な視野で見ていくことにしよう。

第7章　日本政府とGHQの折衝

日本案作成はじまる

一九四六(昭和二一)年二月二六日、ワシントンの旧日本大使館で極東委員会の第一回会合が開かれ、アメリカ代表のマッコイ将軍が議長に選出された。極東委員会が機能し始めれば、新憲法草案に対して、拒否権を発動することも考えられた。GHQは憲法改正について待ったなしの状況に追い込まれていた。

同じ二月二六日。GHQ草案の日本化の作業が始まろうとしていた。法制局第一部長の佐藤達夫は松本国務相から「ちょっと来てくれ」と呼び出された。首相官邸の大臣室に行くと、松本は沈痛な表情で語った。

「このあいだの〔松本〕案は、司令部で拒否された。そこで、その代りに、こういう案をよこして、これに基いて至急に日本案を起草してもらって来い、字句その他の調整はしてもよいが、基本原則と根本形態は厳格にこれに準拠してくれということだった。〔……〕とにかく急いでいるのだから、二人で手わけしてさっそく日本案の立案にとりかかろう」(佐藤達夫『日本国憲法誕生記』)

佐藤は「これは大変なことだ」と感じた。わずか数日のうちに日本式の草案を書けといわれても自信はないし、無理な注文だと思った。

佐藤が一九五五年に憲法成立の経緯について語った録音テープが、国立国会図書館に残されている。そこには戸惑いが率直に吐露されている。

「私自身初めてその案を見て、憲法問題調査委員会で作ったものと全く違うので、非常に衝撃を受けた。日本式に書き換えられるか、疑問に思った」

佐藤は一九〇四(明治三七)年、福岡県生まれ。東京帝国大学卒業後、内務省に入省。敗戦後は法制官僚として憲法改正問題の調査にあたっていた。当時四一歳の働き盛りだった。

佐藤は驚き、ためらったが、GHQの命令を拒むことなどできない。直ちに松本国相の下、佐藤と法制局次長の入江俊郎が助手となり日本案の作成作業が始まった。

場所は首相官邸の放送室。「総理大臣などの放送録音のために設備されたもので、周囲の壁は防音装置がしてあり、扉を閉めてしまうとすっかり外界と遮断されてしまうような感じだった」(同前)。隅には老齢の幣原首相が昼寝をするために、大きなベッドが置かれていた。

松本、佐藤らはこの部屋に籠もって手直しを進めた。その結果、前文が削除された。佐藤は「松本大臣の気持ちからいって、いわば〝黙殺〟ということではなかったかと思う」と回想している。

天皇、戦争放棄の条文は松本が担当した。GHQ草案の第一条は、「天皇は日本国の象徴であり、日本国民統合の象徴である。この地位は、主権を有する国民の総意(sovereign will)に基づくものである」とあった。これは「天皇ハ日本国民至高ノ総意ニ基キ日本国ノ象徴及日本国民統合ノ標章タル地位ヲ保有ス」と直された。「至高の総意」という訳語は「幣原首相の意見によるものであった」(佐藤達夫『日本国憲法成立史　第三巻』)。その結果、国民主権があいまいになった。

第二章の戦争放棄の条文は、GHQ草案では「国権の発動たる戦争は廃止する。」と一文が切れていた。これを松本は、次の文とつなげた。さらに天皇の章に一箇条増えたため、八条から九条に下げられた。

第二章　戦争ノ廃止
第九条　戦争ヲ国権ノ発動ト認メ武力ノ威嚇又ハ行使ヲ他国トノ間ノ争議ノ解決ノ具トスルコトハ永久ニ之ヲ廃止ス
陸海空軍其ノ他ノ戦力ノ保持及交戦権ハ之ヲ認メズ

この第一項の修正について佐藤達夫はこう述べている。

「二つの文章がつなげられたということは、自衛戦争が第九条によって禁止されているかどうか、という解釈問題の最初の岐れ道になったものといえよう〔……〕いまふりかえって見ると、そのころとしては、天皇制の問題は一字一句のニュアンスまで深刻に考えたのであったが、戦争放棄の方は、ポツダム宣言による完全武装解除というような当時の大勢から、こういった字句の使い方についても、それほど微妙な考慮はされていなかったといっていいように思う。したがって、この松本大臣の草案も、法文の体を整えるというだけの意図に出たものと思われるのである」(同前)

入江俊郎も同様の回想を残している。

「当時としては、後日戦争放棄について憲法第九条の解釈につき、はげしい論争の起ることを予想せず、単に第一項としては、観念を整理するつもりでアメリカ交付案とも趣旨は異ならないものの如く考えて一つの文章にまとめて立案したのだったと思います」(入江俊郎『憲法成立の経緯と憲法上の諸問題』)

日本側は、特段の意図はなく一文にまとめたのである。

第一三条の人権規定は、GHQ草案では「すべての自然人は法の前に平等である」となっていた。日本案では「自然人」が「凡テノ国民」にかわった。「カーストまたは出身国」によって差別されないとなっていたが、これが「門閥」にかわった。平等の対象は「凡テノ国民」に限定されることとなったが、この時点では国民の規定はまだ曖昧だった。

自由権について、GHQ草案は次のように規定していた。

第二十条　集会、言論、出版その他一切の表現の自由は、これを保障する。検閲は、これをしてはならない。通信の秘密は、これを侵してはならない。

これに対し、日本案はいくつかの条件を付けた。

第二十条　凡テノ国民ハ安寧秩序ヲ妨ゲザル限ニ於テ言論、著作、出版、集会及結社ノ自由ヲ有ス。

検閲ハ法律ノ特ニ定ムル場合ノ外之ヲ行フコトヲ得ズ。

第二十一条　凡テノ国民ハ信書其ノ他ノ通信ノ秘密ヲ侵サルルコトナシ。公共ノ安寧秩序ヲ保持スル為必要ナル処分ハ法律ノ定ムル所ニ依ル。

日本案は「安寧秩序ヲ妨ゲザル限ニ於テ」「法律ノ特ニ定ムル場合ノ外」、自由を認めるというのである。これでは、明治憲法とほとんど変わるところがない。

このほか「レッド条項」とも言われた第二八条の土地の国有化、そして第二四条のうち、公衆衛生の改善義務、社会保障制度の義務化の条項が削除された。

松本がこだわっていた一院制は二院制へと変更され、貴族院に変わって参議院が設けられた。

こうした変更によって、日本側は何を目指したのか——。佐藤の回想である。

「私たちの気持ちは、とりあえず、マ草案の栗のいがをとったものを作ろう、いずれこれについては先方とたびたび折衝を重ねることになろうから、そういう機会にゆっくり先方と話し合って、だんだん渋皮をむいてゆこう、はじめから、あまり変ったものを出すと、かえって門前ばらいを食うおそれがある」(佐藤前掲書)

佐藤はゆっくり日本化していくつもりだったが、その意に反し急展開がまっていた。

三月二日土曜日。

GHQから急に、「草案を持って来い、英訳が間に合わなければ、日本文のままでよいから」という厳命が来た。佐藤たちは大急ぎで日本案を謄写版に刷って、三月四日の月曜日に司令部に持ってゆく準備を整えた。

「あたかも書きかけの試験答案を途中で引ったくられたような気持ちだった」という。

天皇条項をめぐる攻防

三月四日――。この日は雨模様だった。東京は前日積もった雪がまだ残っていた。

朝、佐藤は首相官邸の玄関近くで松本国務相と出会った。

「これから司令部に行くんだが、君も翻訳の手伝いにいっしょに来てくれ」

佐藤は何の準備もしていなかった。服装もくたびれた背広にゴム長である。

「いくら敗戦国民でも身なりぐらいはちゃんとした形で行きたい」と尻ごみしたが、松本がたってというのでしぶしぶ同行した。松本と佐藤がＧＨＱ民政局の六〇二号室を訪ねると、すでに白洲次郎、そして外務省の通訳、長谷川元吉、小畑薫良がやってきていた。

松本はホイットニーに日本案を渡し、「まだ閣議を経ていないので、決して決定案ではない」と伝えた。

ケーディスはＧＨＱの翻訳官によって、日本案の検討を始めた。まず前文が削除されていることに気づき、元に戻すよう要求。さらに天皇の条文に眼を通すと翻訳が違うと怒り出した。

ケーディスは白洲を呼びつけて叱責した。

「マ草案の第一条では、天皇が国および国民統合の象徴であることは国民の主権意思に基くものであり、他のいかなる淵源にも基くものではない、となっているのに、日本案では後の部分を削っている。また、マ草案の第二条では、皇室典範は「国会の制定する皇室典範」となっているのに「国会の制定する」が抜けているのはどういうわけか、こんなことでは、審議を進めても無益だから、翻訳は打ち切る」(佐藤前掲書)

松本国務相が反駁した。

「第一条に国民の総意に基くと書いてあるのだから、他の淵源に基くものでないことは当然の結論ではないか、そういう余計なことまでだらだらと書くのは、日本の憲法の条文には向かないから取ってしまったのだ。〔……〕ちょっと見ただけで、ぐずぐずいうのなら、翻訳を打ち切るなり何なり勝手にしてくれ」

ケーディスはさらに、GHQ草案の第三条「天皇の国事に関するすべての行為には、内閣の助言と承認を必要とし」という条文の「助言と承認」、advice and consent の訳語を問題にした。日本案では「輔弼《ほひつ》」と訳していた。輔弼とは明治憲法の観念で、天皇の行為について進言し、以てその全責任を負うことを意味していた。ケーディスは言う。

「マ草案では advice and consent とあるにかかわらず《ママ》、日本案には advice に当たる〝輔弼〟だけしかなく、consent に当るものが抜けている」「許可とか承認とかいう意味のことばを加えることが必要だ」

「憲法上天皇の行為はアドバイスがなければ一切できないわけだから、〝輔弼〟で十分だ」

この時、通訳にあたったベアテ・シロタ・ゴードンはこう回想している。

「コンセントを「同意」「賛成」「承認」という単語に訳しては、天皇に対して畏れ多いという感覚が足りないと、日本側は反論した。

この「畏れ多い」という言葉を英語に直すのが大変で、なかなかＧＨＱ側に伝わらない。私は、「申し訳なくて頭が上がらない」様子を、身振りをつけ、あらゆる言葉を動員して説明した」

松本国務相とケーディスとの間で二〇分くらい激論が繰り広げられた。松本は、この時の緊迫した雰囲気をこう回想している。

「このときは向うは非常に激しまして、手がぶるぶる震えて、卓が震えるくらいになりました。それでわたしの方も激しまして、とても白洲君に訳してもらっておられないので、とうとうわたしのブロークンの英語で応酬しました。いったい、あなたは日本に日本語を直しに来たのか、とそういうことまで言ったのです」

その後、松本は佐藤に「経済閣僚懇談会があるから」と言い残し、午後二時半頃帰ってしまった。「一条ごとに議論しておったのでは終いには撲《なぐ》り合いくらいやらないとも限らないから〔……〕私は用事があると言って帰ったのです」と後に語っている。この後、松本は二度とＧＨＱを訪ねることはなかった。

別室で翻訳に苦しんでいた佐藤は、白洲次郎から激論の経緯を知らされた。

「先方は、〝輔弼〟のことばを問題にしている。〔……〕いまにまた問題がでるから、君も含んでおいた方がいいぞ」

佐藤は、和英辞典や漢英辞典を借りて、適当なことばをさがした。そして consent にあたる訳語として「賛同」ということばをマークしておいた。

午後六時すぎ、突然「今晩中に確定案を作れ」という厳命が下る。

「ホイットニー准将は一二時まで待つ、それまでにでき上がらなければ、明朝の六時まで待つといっている。引きつづいて会議をやるからそのつもりで――」

マッカーサーもホイットニーも、GHQに徹夜覚悟で待機していたのだ。

翻訳の手伝いのつもりでやってきた佐藤は驚いた。

「大変なことになった」

松本国務相の自宅に電話したが、故障でかからない。首相官邸に電話して、書記官に車で田園調布の自宅まで行ってもらった。しかし松本は、「今行けば倒れてしまう。血圧も高いから、後は宜しく頼む」と言って家の中に引っ込んでしまった。

午後八時半をすぎたころ、佐藤のもとに松本国務相からの言づけが伝えられた。

「健康上の都合で来られないから、然るべく」

かくして一人残された佐藤が、GHQとの交渉の矢面に立つことになる。

夕食は、五ガロンのGIガソリン缶に入れたコーヒーとKラシオンとよばれる軍隊の配給食糧だった。佐藤にはご馳走だったが、通訳のベアテにはまずくて、疲労を倍加させた代物だった。

「部屋から出られなかったのです。他の部屋へも行けなかった。お食事もそこで食べて。陸軍から出た缶詰めのお食事だったんです。美味しくない。みんなとっても疲れました」

三〇時間徹夜の交渉

夜九時ごろから条文の審議がはじまった。

GHQ側はケーディス大佐、ハッシー中佐、ヘイズ中佐、ロウスト中佐、プール少尉らが入れかわり立ちかわり参加し、総勢一七人。通訳のベアテは佐藤にも、「日本語もよくわかる非常に頭のいい娘さん」との印象を残している。

日本側は法制局第一部長の佐藤が中心で、外務省の長谷川、小畑は、主として条文整理の筆記を担当した。参考書はもとより、肝心の日本案の英訳さえも佐藤の手もとにはなかった。整理用として長谷川・小畑が持っていた英訳を、時々のぞき見ながら議論をするという始末だった。

ベアテによれば、まず天皇をめぐって激論になった。

「私たちはもちろん、天皇の権利を大きくしたくなかったんです。そして日本側はもちろん大きくしたかった。だからすごく大変だったんです。三時間ぐらいそれだけ議論になったんですよ。どういう字を使うか、そしてこの意味は何ですか。大騒ぎになりました」

焦点は、先述した advice and consent の訳語だった。「輔弼」にどのような訳語を加えるのか――。

ケーディス「〝協賛〟というのを加えることはどうか」

佐藤「協賛は、従来〝帝国議会ノ協賛〟というように使われているから適当ではない」

ケーディス「それでは〝承認〟はどうか」

佐藤は、〝国体護持〟の当時の一般の気持ちからいって適当ではないと考え、「それも困る」と突き返した。

結局、佐藤が「輔弼賛同」という訳語を持ち出し、リゾー少佐が辞書を調べて「輔弼賛同――OK」となった。その後 advice and consent という英文は、GHQ側によって advice and approval に変えられる。

天皇について激論が交わされたが、第二章の戦争放棄の九条については、日本案が前段と後段のことばをつないでいたことについては、GHQ側から「別段の異議は出なかった」。

注文がついたのは、「交戦権ハ之ヲ認メズ」の「認メズ」だった。「これでは弱い」「前段の No army will never be authorized をいれよ」「〝許サズ〟というようにせねばいかぬ」と指示された。そこで「〔……〕ノ保持ハ許サズ。国ノ交戦権ハ之ヲ認メズ」と改めた。

また「廃止」という言葉も、「マ草案の Renounciation 及び renounce に合せて「放棄」とし」た（前掲『日本国憲法成立史　第三巻』）。

結局、九条は次のようになった（傍線部分は日本案から修正された字句）。

第二章　戦争ノ放棄

第九条　国家ノ主権ニ於イテ行フ戦争及武力ノ威嚇又ハ行使ヲ他国トノ間ノ争議ノ解決ノ具トスルコトハ永久ニ之ヲ放棄ス。

陸海空軍其ノ他ノ戦力ノ保持ハ之ヲ許サズ。国ノ交戦権ハ之ヲ認メズ。

この時、解釈上、自衛戦争が認められる余地が生まれたと佐藤は回想している。

「「戦争」と「武力ノ威嚇又ハ行使」の両方に「他国トノ間ノ争議ノ解決ノ具トスルコトハ」という条件がかかることになり、第一項に関する限り、自衛戦争は認められることになる―はっきりされることになった」（同前）

佐藤は、GHQが「なぜ、第一項をこういう形で通したのか」謎だとしている。

しかし、当初マッカーサー・ノートにあった自衛権を否定したくだりは、すでにケーディスにより削除されていた。ケーディスは自衛権を認める考えだった。それゆえ、GHQは、この修正を問題にしなかったのだろう。

第三章の人権条項に入ったのは深夜、午前二時ごろだった。GHQ側は「出身国」を削除したことを質し、議論の末、「国籍」による差別の禁止を復活させることになった。また「凡ての国民は」と直した部分も「凡ての自然人は」に戻された。

佐藤が後に次のように証言している。

「〔GHQは〕「自然人にしてもらわなきゃ困る。おかしくないか」と言った。彼ら〔GHQ〕は漢和辞典など持ち出していろいろやるわけです。その中にpeopleに該当する言葉として、人民という言葉があるではないか、と言われます。それに対して、日本側は、それは特別な意味で使う考え方であって、王様、キングに対抗するものである。日本はそういう、天皇と対立したことのない国で、すべてを一体として国民という言葉があるのだ」

しかし、GHQはあくまで「全ての自然人が法の下に平等でなければならない」と主張。佐藤は、「自然人に戻すならば、外国人は平等の保護を受ける」という条文を削るよう申し入れた。「自然人にするということになると、一六条に「外国人ハ平等ニ法律ノ保護ヲ受ケル権利ヲ有ス」とあるわけですが、それとだぶることになっておかしくはないか。その関係はどうなのか。〔……〕外国人の特別な規定〔一六条〕はそのとき落とした訳です」

こうして「外国人の権利」の条文は消え、第一三条の主語は、国民から「凡テノ自然人」に戻されたが、同時に「日本国民タルト否トヲ問ハズ」という文言が加えられた（傍線部分はこの時に修正された字句）。

凡テノ自然人ハ其ノ日本国民タルト否トヲ問ハズ法律ノ下ニ平等ニシテ、人種、信条、性別、社会上ノ身分若ハ門閥又ハ国籍ニ依リ政治上、経済上、又ハ社会上ノ関係ニ於テ差別セラルルコトナシ

佐藤は「これを見て、とにかく困った形になったと思った」という。この時は日本側は受け入れたが、三月六日、土壇場でさらに修正されることになる。

ベアテは、コーヒーを立て続けに飲んでは、一条一条、尺取り虫が這うように翻訳、整合性を検討していった。そんなベアテが眠気を吹き飛ばされた時があった。自らが起草した男女平等の条文を日

本側が削除しようとしたのだ。

「これは日本の国民に合わない、これは日本の歴史に合わない、これは日本の文化に合わない、これは全然ダメですと言ってました、女性の権利について。だから私とってもびっくりした。その反対の強さはね、本当に天皇制のことを話した時と同じ気持ちみたいだったたんです」

この時、発言したのがケーディスだった。優秀な通訳として、日本側がベアテに好感を持っていると見ていた彼はこう提案した。

「女性の権利については、ベアテさんも望んでいるので、採択してはどうか」

ベアテはその瞬間を鮮明に覚えている。

「上手くやりました、ケーディスさん。私すごく喜びました。ケーディスは、私がそれを書いたっていうこと、何も言わなかったですよ。私ももちろん言わなかった。言ったのは、心からこれを望んでいるってこと」

こうして日本国憲法に男女平等の条文が盛り込まれることになった。

第二十四条　婚姻は、両性の合意のみに基いて成立し、夫婦が同等の権利を有することを基本として、相互の協力により、維持されなければならない。
二　配偶者の選択、財産権、相続、住居の選定、離婚並びに婚姻及び家族に関するその他の事項に関しては、法律は、個人の尊厳と両性の本質的平等に立脚して、制定されなければならない。

続いて、自由権について日本案に留保条件が付けられたことが問題になった。佐藤は、「たとえば、検閲の禁止については、わいせつな映画や文書などについては、法律で除外例も作れるようにしておくべきではないか、全然これを認めないのも心配だが——」と言った。しかし、GHQ側は「そういうことは乱用のおそれがあるから絶対にいかぬ、すべて法律の留保というものは認められない」と反論。日本国憲法第二一条は次のようになった。

第二十一条　集会、結社及び言論、出版その他一切の表現の自由は、これを保障する。
二　検閲は、これをしてはならない。通信の秘密は、これを侵してはならない。

佐藤達夫は交渉について回想している。

「要所要所については先方は一歩もゆずらなかったが、マ草案そのものはどうも急ごしらえのものらしく、原案をめぐって向うの連中同士で議論をはじめたり、こちらからの質問に対して明確な答が得られなかったり、——そのために削った条文も若干あった」

実際、この時削除された条文はいくつかある。レッド条項といわれた土地の国有化の削除も「あまりに概念的で一般の人にはわからないから削りたい」と申し出ると、了承された。

国会の章からは、広い会議室に移り、やがて窓の外に暁の色が兆してきた。

佐藤は「新しい日本の黎明」だと思った。

全部終わったのが五日の午後四時ごろだった。一睡もせず、三〇時間に及んだ交渉。

この時初めて、ホイットニーが姿を見せ、佐藤と握手を交わした。

「大いに安心した表情で、われわれの手をかたく握ってくりかえし礼をいった。あまりにその喜び方が大きいので、わたしは、いったいどこの憲法を手つだいにきたのか、という錯覚をおこしそうになったくらいであった。

わたしの気持はそれに反比例していよいよ重く、この重大責任を満足に果し得なかったことについて、心中まことに暗澹《あんたん》たるものがあった」

佐藤は、原理原則には触れず、法技術的にできうる範囲で保守的支配層の意向をくんだ提案を行った。その結果、外務省訳で「日本人民」とあったのが「日本国民」となるなど、佐藤の交渉で変わった部分は多い。

「憲法改正草案要綱」発表

三月五日朝。佐藤がまだGHQで孤軍奮闘している頃、閣議では松本国務相が昨日の経緯を説明していた。

「なぜGHQはこんなに急ぐのか」

幣原首相はじめ二、三の閣僚は、前日の読売報知に出た天皇退位に関する電報や極東委員会の動きがマッカーサーに打撃を与えたのではないかと推理した。

午後二時一五分、白洲がGHQから英文の改正案を持ってきた。

「今日中に之をAcceptするかどうか返事を貰いたい、今夕Textを発表する」という。

一刻の猶予も許されない状況に、承諾するほかないとの結論に達した。ただし憲法草案については天皇の詔勅を得て、政府案として公表しなければならない。勅語案が急遽作成され、口頭で閣議に諮り、修正した。

午後五時四三分、幣原首相と松本国務相は参内し、改正案を発表する「御聴許」を得た。この日、天皇は体調が優れず、御座所の奥の方での拝謁だった。

幣原の説明を聞いた天皇はこう語ったという。

「事ここに至った以上、自分としては特別の意見はない、内閣の考え通りとりはかられたい」

そして憲法改正を命じる勅語が下された。

「朕曩《さき》ニポツダム宣言ヲ受諾セルニ伴ヒ日本国政治ノ最終ノ形態ハ日本国民ノ自由ニ表明シタル意思ニ依リ決定セラルベキモノナルニ顧《かえり》ミ日本国民ガ正義ノ自覚ニ依リテ平和ノ生活ヲ享有シ文化ノ向上ヲ希求シ進ンデ戦争ヲ抛棄シテ誼《よしみ》ヲ万邦ニ修ムルノ決意ナルヲ念《ねが》ヒ乃チ国民ノ総意ヲ基調トシ人格ノ基本的権利ヲ尊重スルノ主義ニ則リ憲法ニ根本的ノ改正ヲ加ヘ以テ国家再建ノ礎ヲ定メムコトヲ庶幾《こいねが》フ政府当局其レ克ク朕ノ意ヲ体シ必ズ此ノ目的ヲ達成セムコトヲ期セヨ」

昭和天皇は先年九月に「平和国家ヲ確立」と勅語で掲げたが、ここでは、「平和ノ生活」、「文化ノ向上」、「戦争ヲ抛棄」、「基本的人権の尊重」とその具体的な方針を謳っている。本来「基本的人権」とすべきところが「人格の基本的権利」となっている。これは、勅語を短時間で急ぎ作成したためと考えられる。「戦争の抛棄」が、勅語で憲法改正の基本方針として示されたのである。

この日、昭和天皇は、皇室典範改正の発議権を留保できないか、また華族廃止についても堂上華族（昇殿を許された旧公卿の華族）だけは残すことはできないかと述べた。

午後八時、幣原首相の帰りを待って閣議が再開された。この時になってようやく、徹夜交渉の末、作成された九二条からなる憲法草案が配布された。昭和天皇の申し出について議論になったが、岩田宙造法相から「このような大変革の際に、天皇の思召しによる提案が出ること自体が問題になる」という意見が出て断念した（『昭和天皇実録』）。

午後九時一五分に閣議を終えたが、終了間際に幣原首相が語った。

「斯《かか》る憲法草案を受諾することは極めて重大の責任であり、恐らく子々孫々に至る迄の責任である。この案を発表すれば一部の者は喝采するであろうが、又一部の者は沈黙を守るであろうけれども心中深く吾々の態度に対して憤慨するに違いない。然し今日の場合、大局の上からこの外に行くべき途はない」

芦田厚相はこの言葉を聞いて涙ぐんだ。日記に記している。

「胸一杯の気持で急いで外套を引被って官邸を出た。春雨とも言いたい曇りの空の下に黙って広尾に帰った」（『芦田均日記』）

この日GHQでの徹夜交渉を終えた佐藤は、首相官邸に戻ると二階の内閣書記官長室に、入江俊郎らと籠もり、憲法改正案要綱の作成に取り組んだ。深夜にいたって、昨夜GHQとの交渉で修正されたばかりの第一三条が問題になった。

「凡テノ自然人ハ其ノ日本国民タルト否トヲ問ハズ法律ノ下ニ平等ニシテ、人種、信条、性別、社会上ノ身分若ハ門閥又ハ国籍ニ依リ政治上、経済上又ハ社会上ノ関係ニ於テ差別セラルルコトナシ」

佐藤はこの条文から、「日本国民タルト否トヲ問ハズ」と「国籍」の二カ所を削除しようと考えた。英語の上手な白洲が、官邸からGHQへ電話を入れ、直接交渉した。GHQはこの提案をあっさり受け入れた。「凡ソ人ハ法ノ下ニ平等ニシテ〔……〕社会的地位又ハ門地ニ依リ」と変わった。

なぜ、GHQはこの修正を受け入れたのだろうか。二〇一〇年の取材では、ベアテはこう証言した。

「憲法に盛り込むべき重要事項はたくさんありました。第一条〔天皇〕と第九条〔戦争の放棄〕がより大切でした。ですから、外国人の権利で日本政府と揉めて反感を買いたくなかったのです」

こうして、憲法草案から外国人の人権を保障する規定はすべて消えたのである。この修正は、在日コリアンをはじめ外国人の法的な立場を考える上で重要な出来事である。

三月六日。この日も閣議では午前九時から午後四時まで、字句の修正が続いた。

結局、第九条は次のようになった（傍線部分は修正された字句）。

第二章　戦争ノ抛棄

第九条　国ノ主権ノ発動トシテ行フ戦争及武力ノ威嚇又ハ行使ヲ他国トノ間ノ争議ノ解決ノ具トスルコトハ永久ニ之ヲ抛棄ス。

陸海空軍其ノ他ノ戦力ノ保持ハ之ヲ許サズ。国ノ交戦権ハ之ヲ認メズ。

「放棄」は「抛棄」となった。佐藤は「この方が本来の語義にかなうものとされたのであろう」としている。憲法改正の勅語では「戦争ヲ抛棄」とされており、それとの整合性も図られたのかもしれない。

白洲次郎はこの日、手記に記した。

「興奮絶頂ニ達シ正午頃ヨリ総司令部モヤット鎮マリ、助カルコト甚ダシ。斯ノ如クシテ、コノ敗戦最露出ノ憲法案ハ生ル。「今に見ていろ」ト云フ気持抑ヘ切レス。ヒソカニ涙ス」

午後五時、「憲法改正草案要綱」が発表された。

新聞への掲載は翌七日になる。草案とあわせてマッカーサーの声明も発表された。

「余は今日、余が全面的に承認した新しき且つ啓蒙的なる憲法を日本国民に提示せんとする天皇並びに日本政府の決定について声明し得る事に深き満足を表するものである」

幣原首相は謹話で、天皇が「非常なる御決断を以て現行憲法に根本的改正を加え以て民主的平和国家建設の基礎を定めんと明示せられた」とした。ここに、憲法改正は「平和国家の建設」の礎を築く道とされたのである。

この夜、侍従次長の木下道雄は天皇に結果を報告し、次のように述べた。

「此の度の改正は文章上より見れば頗る面白からぬも、従来天皇の大権と威厳をもって規定しあれど、事実は不本意ながら裁可をなさる場合もあり、裁可なく拒否さるるは田中内閣倒壊の時の如き(重臣ブロック攻撃の火の手を挙げせしめた―陛下はこれをお自身の失敗なりきと申さる)。むしろかかる虚器を捨てられて、かえって政治家及び国民の精神の指導に自由の天地を得らるることを好ましく考える」(木下道雄『側近日誌』)

木下によれば、天皇も同じ考えだったという。

「田中内閣倒壊」とは、一九二九(昭和四)年の田中義一内閣の総辞職のことである。張作霖爆殺事件の処分をめぐって田中首相が当初、首謀者の河本大作《こうもとだいさく》を処罰するとしながら、後に「この問題はうやむやの中に葬りたい」としたことから、当時二七歳だった昭和天皇の逆鱗に触れた。田中は責任をとって辞職、天皇の発言が内閣倒壊を導いた事件だが、その後「宮中の陰謀」と批判の声があった。天皇自身は、『昭和天皇独白録』で次のように語っている。

「この事件あって以来、私は内閣の上奏する所のものは仮令自分が反対の意見を持っていても裁可を与える事に決心した」

昭和天皇はその後、政府や軍の決定に「不可」をいわぬようになったとしている。実際は二・二六事件で鎮圧を命じたことがあったが、軍の独走を押しとどめることはなかった。

木下の憲法改正を受けての言葉は、戦前、軍の独走に苦慮したことを思えば、指導者として「自由の天地を得」たという意味なのだろうか。

ちなみに『昭和天皇独白録』は、このあと一九四六年三月から四月にかけて作成されている。憲法改正で象徴としての天皇制の維持が明らかになった今、天皇と宮中の関心は、間もなく開かれる東京裁判対策に注がれていた。昭和天皇は、自らの戦争との関わりを語り残していく。

三月九日土曜日、天皇は御文庫で寺崎英成《てらさきひでなり》と会った。太平洋戦争開戦時、日本大使館の一等書記官として対米交渉に当たった寺崎を、吉田茂は宮内省御用掛に任命した。寺崎はこの後、三月一八日から独白録の作成に携わっていく。

同じ三月九日、『昭和天皇実録』は次のように記している。

「今般、法規立案に尽力の連合国最高司令部員に対し、白羽二重を贈られる」

天皇は、憲法草案作成に尽力したGHQ職員に感謝の意を示したのである。

メディアと政党の反響

三月六日の憲法改正草案要綱の発表は、日本国民にとってまさに青天の霹靂だった。

東京新聞(三月一二日付)に掲載された東大教授・横田喜三郎《よこたきさぶろう》の言葉が当時の気分をよく伝えている。

「政府の憲法改正案が発表された。おそらくすべての人が驚かされたであろう。あまりに思い切った改正案であることに。大部分の人は内容そのものにも驚かされたに違いない」

新聞各紙は概ね好意的に受け止めている。朝日新聞は三月七日に「画期的な平和憲法」と題する社説を掲げ、賛意を表した。

「国民大衆もまた、憲法改正がもつ我国の民主革命遂行のための根本的意義を理解し、かつ天降り憲法でなく、人民のうちから人民の意志により作られたものとするために、十分なる論議研究を行い、これを自らのものとして完成するよう努力することが肝要である」

毎日新聞は四日連続、憲法に関する社説を掲載。三月八日の社説「民主憲法と新道徳」では「今回の改正憲法案は、敗戦による惨憺たる破局状態からわが国を救い出し、転禍為福、この国家国民に絶大なる勇気と希望を投げかけるものといってよい」と歓迎した。

この草案がGHQの関与によって作成されたことは、マッカーサー自身、「日本政府と司令部の関係当局の忍苦に満ちた調査と数回に亘る会合ののちに初めて生まれ出でたるものである」と声明でほのめかしてはいた。朝日新聞は「これは幣原内閣単独の力のよくなし得る所でなく、おそらく連合国最高司令部、なかんずくアメリカの強力な助言が役立っている」とし、読売報知も「全くちがった頭で起草しなおされたものであることに留意する必要がある」とGHQの関与は気づいている。しかし、これが「押しつけ」であるという今日聞かれる論調は見受けられなかった。

各紙の中で際だっていたのは読売報知である。社長は憲法研究会に参加した馬場恒吾だったが、論説で草案を高く評価した。

「一般世人の期待した如何なる案よりも進歩的であり、革命的であるのに驚いた。しかもこれは議会にかけられ、人民の総意を基礎として決定するのであるからいままでの欽定憲法の如く天降り的に制定されたものでなくなる。われわれはこの憲法要綱がそのまま採用されても、不平をいう余地はないとさえ感じられる」(読売報知三月八日)

しかし、読売全体の論調は、批判すべき点は批判するという姿勢であった。社説では、「この草案は民主々義の原則を貫き、まがりなりにも人民主権の原則を実現している。われらはそれを多とするがなお若干の批評なきをえない」としている。

「もしわが国が他国の侵略を受け、侵略国に隷属させられた場合に、わが国民にも当然解放戦争の権利は残さるべきではあるまいか」と自衛権を主張。さらに独立後の自主憲法制定を唱えた。「たゞ負けたりとはいえ、われはいつの日か独立を希望し、民族純一の意思に基いて国家百年の礎たる憲法を決定したいのである」(同前)

同じ紙面で、社長の馬場と社説の主張が異なっているのはなぜか。有山輝雄・成城大学教授は、読売争議につながる経営陣と従業員組合の対立をその理由に挙げている。「労使対立がそのまま紙面に表れ、正反対の主張が同一紙面に載っている」というのである(有山輝雄『戦後史のなかの憲法とジャーナリズム』)。

読売には馬場とのつながりからだろう、憲法研究会のメンバーが次々に寄稿している。高野岩三郎は「憲法改正政府案に対する意見」(三月八日)を寄せ、政府原案が思ったより進歩的なことを喜ぶと述べ、とくに戦争放棄を規定している点を最も重要な特徴として高く評価した。しかし、天皇の大権が憲法研究会の案よりも拡張している点は反対し、とくに衆議院の解散権まで認めている点はいけない、と批判した。

鈴木安蔵は三月九日から三回に渉って連載したが、「人民主権が、なお十二分に条文化されておらぬ」と批判的であった。天皇の即位について「その都度議会の、国民の承認ないし委任をうくべきものであることを規定」していない。「民族人種による差別」禁止条項がない。経済的不平等の是正に関する規定がない。勤労者の生存権規定が具体的でない。「女性の解放・向上のためには、憲法上に、さらに徹底的な具体的規定がのぞましい」。草案発表の直後に、今日も議論される問題点をこれほどまでに的確に指摘できたのは、鈴木だけである。鈴木はこれを杉森孝次郎の手を借りて英訳し、GHQ憲法問題担当政治顧問のケネス・コールグローブに手渡し、説明した。

各政党はどのような反応を示したのだろうか。

自由党と進歩党は「原則的に賛成」で、特に自由党は「これはわが自由党が発表した憲法改正案の原則と全く一致する」とまで述べている。

社会党は「ポツダム宣言の忠実な履行と民主主義的政治にたいする熱意の表明」として「賛意を表する」一方、「天皇の大権に属する事項が多きに失する」など四点に注文をつけている。これは先の高野の論旨と同じである。

共産党は実質的に反対の態度を表明し、逆に天皇制の廃止、勤労人民の権利の具体的明記など五項目を提案。六月には独自に「日本人民共和国憲法」を発表することになる。当時は自由党、進歩党などの保守党が憲法草案に賛成し、最も批判的だったのが共産党であった。七〇年後の今とは反対の構図である。

「八月革命説」

政府の憲法改正草案要綱を「平和国家の建設」の実現、さらには民主革命ととらえたのが、宮沢俊義である。

宮沢は『改造』三月号に、「憲法改正について」と題する論文を発表している。

「日本を真の平和国家として再建して行こうという理想に徹すれば、現在の軍の解消を以て単に一時的な現象とせず、日本は永久にまったく軍備をもたぬ国家――それのみが真の平和国家である――として立って行くのだという大方針を確立する覚悟が必要ではないかとおもう。

いちばんいけないことは、真に平和国家を建設するという高い理想をもたず、ポツダム宣言履行のためやむなくあるていどの憲法改正を行ってこの場合を糊塗しようと考えることである。〔……〕しかし、それではいけない。日本は丸裸かになって出直すべき秋である。「負けたから仕方がない」というような態度では断じて日本の再建は実行できない」

この論文は、二月段階、つまり憲法改正草案要綱の発表前に執筆された。しかし宮沢は、発表前にGHQ草案を見たという。一九六八年、憲法学者・小林直樹との対談で、「記憶が頗る怪しい」としながらも、GHQ草案が発表される前に「存在を知る機会をもっていた」と述べている。ただし、「英文の(?)草案を数分のぞいただけで、丁寧に読んだわけではありません」としている(『昭和思想史への証言』)。

古関彰一は、GHQ草案を見た宮沢が従来と「全く別の考えを持ち始めた」としている(古関彰一『新憲法の誕生』)。しかし、高見勝利は「宮沢自身が述懐しているように、松本委員会での議論のなかから右の「非武装論がうまれた」と解するのが妥当であろう」としている(高見勝利『宮沢俊義の憲法学史的研究』)。これまで見てきたように、宮沢は、昭和天皇の「平和国家の建設」の勅語にいち早く反応して「武器なき平和」を唱え、憲法問題調査委員会で軍規定の削除を主張していた。こうした宮沢の言動の延長線上に、この論文があると見た方が自然だろう。
宮沢は草案発表の翌日、三月七日、のちに「八月革命説」と呼ばれる考え方を毎日新聞に発表している。

「昨年八月一五日わが国はポ宣言〔ポツダム宣言〕を受諾したが、この宣言は日本の最終的政治形態は自由に表明せられた人民の意思によって決せられると定めてある。即ち、わが国は天皇制をも含めて日本の根本的政治体制を人民の意思によって決することを約束したわけであり、実にこの時にわが歴史において一つの憲法的革命が行われ、人民主権主義がわが国で承認せられたといってゐゝのである」

ポツダム宣言の受諾により、日本では主権の所在が天皇から国民へ移行した。宮沢は、憲法的革命だというのである。これを「八月革命と呼ぶのが正しいのではないか」としたのは、政治学者の丸山眞男である。宮沢は丸山の了解を得て、一九四六年五月、「八月革命と国民主権主義」(『世界文化』五月号)を発表する。しかし、「八月革命説」の考え方を三月七日、宮沢はすでに公にしていたのだ。そして、四月に予定された戦後初の衆議院選挙の重要性を訴えている。

「要するに政府案は昨年終戦と共に行われたわが国始まって以来の民主革命を成文的に確立しようとするものであって、あらゆる点からいって八・一五以前の日本には全く見られなかった新しいものを建設せんとする意向の表現であり、新日本建設の大憲章たるべき志向をもった憲法草案として全国民の真剣に検討すべきところと思う。今回の総選挙は実質においてはこの憲法草案に関する人民投票の意味を持つことになる。有権者はこの点を深く心に銘することを要する」

宮沢の八月革命説は、「革命」という言葉の持つ衝撃もあって大きな反響を呼び、その後論争も行われていく。

実際には、明治憲法の改正手続に従って憲法は改正されることになる。新たに主権者となった国民の代表者として衆議院議員が選出され、大日本帝国憲法改正案を審議していくのである。

「国民」はどう受け止めたのか

では、一般国民は憲法改正草案要綱をどのように受け止めたのだろうか。

毎日新聞社が、発表直後に「全国(沖縄を除く)二千名の有識階級」にたいしておこなった世論調査の結果がある。

五月二七日に実施した世論調査では、有効回答者二〇〇〇名中、象徴としての天皇制の存置については、賛成一七〇二名、不明三五名、天皇制の廃止と回答した者二六三名と、八五%の人が象徴天皇制を支持する意思表示をした。

そして戦争抛棄については一三九五名が賛成、反対五六八名という結果であった。

戦争抛棄の条項を必要とするか

必要……… 一三九五名(約七〇%)

この内　修正の必要なし…………… 一一一七名

自衛権留保規定の挿入など……… 二七八名

不要……五六八名（約二八％）

「不要」の根拠

侵略戦争は無論抛棄すべきだが、自衛権まで捨てる必要はない……一〇一名

戦争抛棄の条文は七割が支持している。そして不要と答えた人の多くが、その後議論になる「自衛権」を捨てるのではないかと疑問を抱いていたことが分かる。

ただし、首都大学東京准教授の境家史郎は、「この調査の特殊なサンプリング方法に十分留意する必要がある」としている。「有識階級」に限定され、大学出身者が三九％、官公吏が二四％を占め、女性は一三％、農業従事者が六％しか含まれていない。「「全国民の総意」を推し量ることはきわめて困難だと言わざるを得ない」という（境家史郎『憲法と世論』）。

境家が指摘するように、この時期、大手メディアの関心は天皇制にあり、憲法九条についてはこの毎日新聞の調査の他には、意識調査の対象にほとんどなっていない。こうしたことから、九条が制定当初から大多数の国民から支持されていたという言説は、境家は「じつはほとんど根拠がない」としている（同前）。憲法改正草案要綱について、焦点は象徴天皇であり、九条については大きな議論になっていなかったのである。

外務省総務局は、三月一八日付で「憲法草案要綱ニ関スル内外ノ反響」をまとめている。

○政府案として巷間に伝えられているものと懸隔あまりに甚だしいので奇異な感情を抱いている。

○表現が難渋で翻訳的な印象を与えている。「戦争抛棄」の特異な規定が特に強められており、自国の憲法というより条約草案の印象を与えている。

○天皇制存置と主権在民思想の調和に努力を払っているので、一種の安堵感を与えている。

ここで問題となっている「翻訳的」な文体であるが、三月に大きな変革があった。「ひらがな口語体」へ変えられたのである。

作家・山本有三らの「国民の国語運動連盟」が三月二六日、松本国相を訪ね「ひらがな口語体」を建議した。

「国民一般に必要な書きものは、国民一般にわかりやすい書き方でなければなりません」

この時、松本国相も最初は気乗りしない様子だった。しかし、法令用語を平易にすべきと考えていた入江が口語化を重ねて進言すると、「あんな風なほんやく臭の憲法であってみれば、せめて口語化すれば、少しは日本語らしくなるかも知れないね」(入江俊郎「憲法草案余録」)と結局、賛成したという。

口語化の作業で、条文の主語は「人」から再び「国民」へと書き改められた。

憲法担当の国務大臣、金森徳次郎は、「国民」という言葉の意味について、後に帝国議会で答弁している。

「憲法は国民という所に重きを置きまして、この国民の心が繋がって一つの統合を成して居ります」

金森は国会図書館の聴き取りで、さらに詳しくその考えを証言している。

「等しく憲法といっても、アメリカ人の見る憲法と日本人の見る憲法というのはことによると中身が相当距離がある。アメリカ人の憲法観というものはどういうものであるかと。非常に具体的であって、こういう場合にはこうすると現実の処置という面に重点を置いて居るのであり、日本人の目で憲法を見ますと、一番根本は、国民精神の脈動ともいうべき国民の心の中にはっきりしないけれども、しかし総合して行けばどこかに落ち着くところがある。それが国民のバックボーンであり、国民精神の結晶であると思うわけです。それが姿を現しておるのが現実の憲法である」

欧米の立憲主義に基づいた憲法草案を「国民精神の結晶」に読み替えるという意図が、「国民」という言葉に込められていた。古関彰一は、「『国民』は、天皇制との関係で日本人の一体化を維持していく為に必要なものだったのだろう」と考えている。

自衛権はあるのか――枢密院での審査

法文化の作業を進めるなかで、内閣法制局は関係各局と問題点を洗い出し、三月二四日に「要綱ニ関スル問題」をまとめた。これは局内で便宜的にまとめたものだが、九条について注目すべき指摘がある。

「侵略ニ対スル自衛権ハ認メラレルルヤ」

その後、議論を呼ぶ自衛権の問題がすでに提出されていたのだ。佐藤達夫はそこに、次のように書き込んでいる。「事実ニ於ケル防禦戦ハ可能ナルベシ宣戦等ハ出来ヌ(武力ナクシテハ事実上モ不可能)」(前掲『日本国憲法成立史 第三巻』)。

さらに外務省条約局は「改正憲法草案ニ付テ」を提出、「交戦権ノ不承認」は法理論上も適当でないとした。そして、削除するか、あるいは第一項に移し侵略戦争の場合の交戦権を認めないとするのが適当としている。西修が指摘するように、これは今日の議論を「先取りした問題提起だった」(西修『日本国憲法成立過程の研究』)。

しかし、四月中に四回にわたり開かれたGHQとの会議では、九条について議論になることはなかった。

極東委員会の発足を受けて、マッカーサーと日本政府は、できるだけ早く帝国議会で明治憲法の改正として新憲法を制定しようとしていた。そのためには、まず枢密院の諮詢《しじゅん》を経なければならない。明治憲法第五六条には「天皇ノ諮詢ニ応へ重要ノ国務ヲ審議ス」とされており、憲法改正草案要綱は枢密院にもうけられた審査委員会で審議されることになった。

三月二〇日、幣原首相は枢密院で非公式に説明を行っている。本来は枢密院の意向を聞いてから憲法草案を発表すべきだが、そうできなかったのは、極東委員会が容喙《ようかい》してくる前に「先んじて既成事実を作り上げげんが為に急に憲法草案の発表を急ぐことになった」からだと説明している。

「若し時期を失した場合には我が皇室の御安泰の上からも極めて懼るべきものがあったように思われ危機一髪とも云うべきものであったと思う」と述べた。幣原は天皇制を守るためには、この草案が成立したことは喜ぶべきこととしている。さらに幣原は、第九条の戦争抛棄について注目すべき発言をしている。

「第九は何処の憲法にも類例はないと思う。日本が戦争を抛棄して他国も之について来るか否かに付ては余は今日直にそうなるとは思わぬが、戦争抛棄は正義に基く正しい道であって日本は今日此の大旗を掲げて国際社会の原野を単独に進んで行くのである、其の足跡を踏んで後方より従って来る国が有っても無くても、顧慮するに及ばない、事実に於ては原子爆弾の発明は世の主戦論者に反省を促がしたのであるが、今後は更に之に幾十倍幾百倍する破壊的武器も発明されるかも知れない。今日は残念乍《なが》ら世界に尚お旧態依然たる武力政策を踏襲して居るけれども他日新なる兵器の偉力に依り短時間に交戦国の大小都市悉《ことごと》く灰燼に帰し数百万の住民が一朝鏖殺《おうさつ》せらるる惨状を見るに至らば、列国は漸く目醒めて戦争の抛棄を真剣に考えることとなるであろう。其の時は余は既に墓場の中に在るであろうが其の墓場の蔭から後をふり返って列国が此の大道につき従って来る姿を眺めて喜びとしたい」(入江俊郎『憲法成立の経緯と憲法上の諸問題』)

GHQ草案を受け入れる際は、日本にモラル・リーダーとなれと語るマッカーサーに疑問を投げかけた幣原だったが、ここでは第九条を自ら選び取った道として明快に語っている。その後、幣原は死の直前に『外交五十年』で、戦争放棄は自らの発案と証言するようになる。

四月二二日から、枢密院の審査委員会で一一回にわたる審査が行われ、第九条についても質疑が行われた。

四月二四日の第二回審査会で広田弘毅内閣の司法大臣もつとめた枢密顧問官、林頼三郎《はやしらいざぶろう》が自衛権の問題を取りあげた。

「戦争抛棄に付自衛権はない様にとれる。世界の公正と信義に託するとは理想郷にすぎる。第九条に第一項の外第二項あり。故に自衛戦は出来ぬことになるか」

松本国務相は答えている。

「第一項は戦争を仕掛ける方の抛棄なり。この外第二項があるが、これは外国から戦争を仕掛けられたとき、立ち上らぬと云う事ではない。この場合反抗することは当然なり。只軍備をもたぬ、その結果として交戦権ももたぬと云う丈なり。それなら自衛権ありと書いたらどうかと云うと、これは又自衛権の名にかくれて戦争をする事になる虞《おそれ》があるから賛成出来ない」

次いで、太平洋戦争開戦の時に駐米大使だった野村吉三郎《のむらきちさぶろう》も顧問官として質問した。「自衛権でやった戦争は交戦権でないと云えるか」

松本「この交戦権による戦争ではない。堂々たる宣戦布告の戦争ではない。自衛と云う働き自身を憲法で禁ぜられるものではない……いろいろ説はありうる。しかし憲法の規定は自衛と云う行為をおさえきる性質のものではないとおもう」

自衛権については、五月六日の第四回審査会で林が再び質問した。

「個人の場合の正当防衛を認めることは当然であるから、それは国家についても当然でて来ねばならぬ。しかるに国家の場合には不当に侵害を受けても手を拱《こまね》いて防衛出来ぬことになる。不調和である。戦争抛棄は結構であるがこの点如何」

法制局長官の入江は答えている。

「国家として最小限の自衛権を認めることは当然であるが、それは戦争、武力による解決を今後絶対にやらぬと云う捨身の態度をとると云うことが一つの態度であると思う。平和を念願する国際社会に挙げて委ねると云う態度をとったのである。根本観念として国家の自衛権を認めることは御説の通りであるが、この規定の主旨はここにあると思われ度い」

入江は「最小限の自衛権」が認められるとしている。高見勝利は、この枢密院の議論が、一九五四年、鳩山一郎内閣で示される政府見解と関係があると指摘している。鳩山内閣では、憲法九条は「わが国が自衛権を持つことを認めている」との政府見解が出される。この時「必要最小限度の実力」という考え方を考案した高辻正己《たかつじまさみ》法制局次長は、一九四六年五月の枢密院での議論が「頭に染みこんで」、「もっともな一つの憲法の読み方だと思ってた」という。

憲法草案の作成にあたって、日本の法制官僚は、最小限度の自衛権は認められると考えていたのである。

昭和天皇の謝意

五月三日、極東国際軍事裁判、いわゆる東京裁判が開廷した。かつて戦争を指導する大本営がおかれていた市ヶ谷の大講堂には、一億円の工事費をかけ、ハリウッド並みの明るさと言われる照明が設置された。元首相の東条英機をはじめ、日本の戦争指導者二八人がA級戦犯として裁かれた。

これに先立ち、四月八日、国際検察局では、被告選定のための参与検察官会議が開かれた。各国の代表は、すでに天皇を訴追しないというアメリカの方針を伝えられていた。しかし、オーストラリア代表のマンスフィールド検事が天皇の訴追を提起した。

会議の議事録によれば、次のように処理された。

「討議の末、検察外にあるさまざまな事情を考慮して、天皇を起訴することは誤りであるという点で意見が一致した。天皇を含めないことに同意」(粟屋憲太郎・NHK取材班『東京裁判への道』)
「検察外にあるさまざまな事情」とは、マッカーサーの意向に他ならない。
こうして昭和天皇の不訴追が決定したのである。

五月三一日、午前一〇時一五分、昭和天皇はアメリカ大使館に行幸し、玄関でマッカーサーの出迎えを受けた。通訳は寺崎英成で、約一時間四〇分にわたって会見した。『昭和天皇実録』によれば、天皇は「食糧援助に対する感謝と更なる援助の御要請…皇室財産を政府で役立てたいこと、地方巡幸への協力及び新憲法作成への助力に対する謝意など」を述べた。
先年九月二七日以来、二回目の天皇・マッカーサー会見。詳細な記録は、今のところ公開されていない。通訳が寺崎英成であり、彼は三月から四月にかけて『昭和天皇独白録』の作成に尽力してきた。元関西学院大学教授の豊下楢彦は、「会見での議論が天皇の戦争責任をめぐる東京裁判問題であったことは疑いない」としている。しかし、『昭和天皇実録』にはその記載はない。

第8章　帝国議会での論争

極東委員会の反発

「憲法改正草案要綱」の発表は、極東委員会にとってもアメリカ国務省にとっても寝耳に水の出来事だった。しかも、発表と同時にマッカーサーがこれを「全面的に承認した」と語ったことが大きな問題となる。極東委員会付託条項では、憲法改正には「極東委員会の協議および意見の一致」が必要とされていたからである。委員会が始まって一カ月もたたぬうちに、マッカーサーはその権限を無視するかのような挙に出たのだ。

オーストラリア代表のハロルド・ブロックは、マッカーサーが極東委員会を無視したことに憤りを感じたという。

「極東委員会の役割には憲法草案の起草は含まれていませんでした。しかし、それを承認する役割はあるとわれわれは解釈していました。ですから、オーストラリアは、マッカーサー将軍が自らの権限を越えていると感じました。発表された憲法草案は多くの意味において賞賛に値するものでしたが……日本よりもむしろ西欧的色彩が濃い内容だと思いました。アメリカの独立宣言や〔リンカーン大統領の〕ゲティスバーグの演説を彷彿とさせるような言い回しも含まれていましたからね。

そもそも、憲法改正はマッカーサーの任務ではないというのが、われわれの考えです。憲法は日本国民の意思を尊重し、反映したものでなければならない。それが極東委員会の最大の関心事でした。そして、日本人の願いが真に反映されていないというのが、草案に対する委員会の反応でした」

ブロックは、マッカーサーの越権行為であるとはっきり証言した。

三月一三日、極東委員会の第三委員会でソ連代表が、マッカーサーが新憲法を承認したことに疑問を投げかけた。

この議論は、翌三月一四日の極東委員会でも取りあげられ、アメリカのマッコイ議長はマッカーサーの承認は個人的なもので、日本国憲法は極東委員会によって検討されるべきだと発言。議論の末、三月二〇日、「憲法草案」と題する政策文書が満場一致で可決された。

主なポイントは以下の通りである。

○国会によって審議される憲法草案の進展状況をたえず極東委員会に通知すること。
○憲法が、法律上有効になる前に極東委員会に最終草案を審議する機会が与えられなければならない。
○「憲法改正草案要綱」以外の案も国会で自由に審議されること。

マッカーサーの独走を押さえ込もうとする意図が見て取れる。

さらに、極東委員会は来たるべき総選挙の日取りも問題にした。これはソ連の提案がきっかけだった。ソ連代表のノヴィコフは、三月一二日の第四委員会で、総選挙が四月一〇日に実施されることに疑問があると提案した。

「民主的諸勢力が発展する前の段階での総選挙は時期尚早であり、民主的傾向を強化するという極東委員会の主たる目的に完全には合致しない」

ニュージーランド代表のベレンゼンも、早期の総選挙は反動勢力に有利であると主張。イギリス代表のサンソムとオランダ代表のアンジェリノも賛成した。

中国代表だった楊覚勇も、総選挙は早すぎると感じていたという。

「すぐ総選挙をやるよりも、もう少し確かめた上でやった方がいいだろう。いま総選挙をやると、これまでの国会議員の力を完全に認めたっていうことにもなる。やはり新しい、違った勢力が必要になってくる。マッカーサーは古い政治家たちに憲法草案を作らせた。これに非常な反感を持ったわけです。新しい日本の憲法というものは、ある程度世界のいろんな憲法を考慮に入れて、日本の特殊性を考えながら、日本にもっと合ったものを、古い体制に執着しない人たちが作ってくれたら一番いい。総選挙の結果が、もっと進歩的な憲法をアプルーブ〔承認〕するような国会でなければいけない。しかし、今の段階では、まだそうなっていない」

選挙の延期について、マッカーサーの見解を求める質問書がGHQに送られた。これに対して、三月二九日、マッカーサーは次のように反論した。

「選挙の延期は、疑いなく日本国民によって誤解され、占領の目的と成功にとってまったく逆の効果をもたらすであろう。〔……〕国会を解散し、必要と思われる規定のもとで新たな選挙を実施させることは、常に私の権限内にある」

マッカーサーは、極東委員会の要請を斥けたのである。三月三〇日、極東委員会第六回会議が開かれた。すでに日本では選挙戦が始まっていたが、ソ連のノヴィコフはなお、選挙延期に固執した。しかし反対論が相次ぎ、総選挙の延期については特別な行動はとらないことに決した。とはいえマッカーサーの対決姿勢は極東委員会のなかに反発の渦を巻き起こしつつあった。日本語の得意な中国の楊覚勇は、マッカーサーへの不満をべらんめえ口調でこう証言する。

「極東委員会なんていうのはマッカーサーから見たら、これはワンノブゾウズっていうわけ。つまり大したもんじゃない、そこらへんに転がっているいろんな機関、ただ邪魔になる機関の一つだった。マッカーサーはね、国際的にみんなの協力を得てからじゃ占領なんかできないっていうわけ」

総選挙から帝国議会へ

一九四六年四月一〇日、戦後初の総選挙が行われた。この選挙では、女性に参政権がはじめて認められた。満二〇歳以上の成人男女に選挙権があたえられた結果、有権者数はこれまでの三倍近くに増えていた。この選挙は、一九四五年一二月に公布された衆議院議員選挙法改正法に基づいていた。その別表では、沖縄県は「勅令を以て定むる迄は選挙はこれを行わず」とされ、選挙は停止された。また、戦前、内地に住む朝鮮人、台湾人には参政権があったが、「当分の内之を停止し」とされた。古関彰一は、「沖縄や植民地住民の選挙権を簒奪するという本土国民中心の民主主義であった」としている(古関彰一・豊下楢彦『沖縄　憲法なき戦後』)。

その後、日本国憲法施行の前日、一九四七年五月二日に、勅令である「外国人登録令」で台湾人、朝鮮人は「当分の間、これを外国人とみなす」とされた。

この選挙は、憲法改正を審議する国会議員を選ぶという意味で重要な選挙であった。しかし、選挙戦で憲法は大きな争点にはならなかったようだ。憲法調査会が八つの選挙区三五人の選挙公報を調査した結果、憲法改正草案要綱にふれているものは一七・四%にすぎなかった。この年のメーデーのプラカードではないが、国民の多くの気分は「選挙よりメシだ」だった。食糧不足やインフレ解消という喫緊の課題に関心があった。

選挙の結果、三九名の女性議員が誕生し、日本自由党が一四一議席を獲得、第一党となった。幣原首相の進歩党は九四、社会党は九二、初めて合法政党となった共産党は五議席を得た。

本来ならば自由党総裁の鳩山一郎に首相の大命が下されるところだったが、五月三日、鳩山は公職追放処分を受けてしまう。このため吉田茂が自由党を率い、進歩党の協力を得て、五月二二日、第一次吉田内閣を組織した。保守連立内閣である。


これに先立って政府とGHQは、議会に提出する条文を作成するために何度か交渉を続けていた。四月一七日、口語体の「帝国憲法改正案」が公表された翌日、再び天皇の権限をめぐってGHQと法制局の間で交渉が行われた。問題となったのは要綱の第三条である。

「天皇の国務に関するすべての行為には、内閣の補佐と同意を必要とし、内閣がその責任を負う」

三〇時間の徹夜交渉で激論の末「輔弼賛同」とした部分が、口語体の要綱では「補佐と同意」に変わっていた。GHQはこれを「不都合である」というのだ。

四月一八日午後、佐藤達夫はGHQに赴き、ケーディスと会談した。佐藤によれば、ケーディスは激高していた。

「〝輔弼賛同〟をなぜ〝補佐と同意〟に変えたか。街を歩いている市民をつかまえて尋ねたところでは〝同意〟は同等の者相互の関係について使われることばだということだった。この場合は、内閣とその下に立つ天皇との関係であるから、〝同意〟というのは不適当だ」というのである。

「右手のこぶしを高くあげて、「これが内閣――This is the Cabinet」といい、左手のこぶしをその下につけて「これが天皇――This is the Emperor」といったその身振りはいまでも目に見えるようである。国会をもって最高機関とする新憲法草案においても、天皇の地位は少なくとも別格と考えていたわたしにとって、内閣の下にそれをもって来られたのにはすっかりおどろいた」(佐藤達夫『日本国憲法誕生記』)

後年、ケーディスは述べている。

「明治憲法下とは異なり、新憲法下での天皇の役割は、明瞭ではっきりしたものにすべきであり、曖昧なものにしておいてはならないということが極めて重要なことであった」(チャールズ・ケーディス「日本国憲法制定に於けるアメリカの役割」)

日本側は、「輔弼賛同」ではいかにも古くさく、堅苦しくて口語体になじまないので「補佐と同意」に改めたのだ。しかしGHQ側は、あくまで天皇は内閣の下にあるということを強調し、議論が続いた。

佐藤「タイム・リミットを設けて研究させてもらえないか」

ケーディス「極東委員会に電報で正誤をしなければならないから早くきめたい」
佐藤「それならば〝承認〟ではどうか」
ケーディス「よかろう」
結局、日本国憲法第三条は次のようになった。

第三条　天皇の国事に関するすべての行為には、内閣の助言と承認を必要とし、内閣が、その責任を負ふ。

この日、別れぎわにはケーディスは、「なにぶん、極東委員会というのがうしろにひかえていてうるさいんでね」と弁解したという。

その極東委員会だが、三月三一日、満場一致で次のようなマッカーサーへの要求を決議していた。

「極東委員会は、議長に対して憲法採択のための日本国政府の諸計画につき説明し、また日本国の新憲法に関する広範な諸問題につき、委員会と討議するために、その幕僚の一人をワシントンに派遣するよう最高司令官に依頼することを要求する」

マッカーサーに、幕僚をワシントンに派遣して説明することを求めたのだ。四月一〇日、まさに総選挙投票当日に、アメリカ統合参謀本部はこの要請をマッカーサーに打電した。

これに対して、五月四日、マッカーサーは統合参謀本部に長文の回答を寄せた。自らの行為を正当化し、幕僚派遣の必要もないとしていた。

マッカーサーの高飛車な態度に統合参謀本部や陸軍次官補ピーターセンが取りなそうとしたが、マッカーサーは受け入れず、結局五月二九日、一カ月半待たされた末に極東委員会は、マッカーサーの派遣要請拒否の回答を得るに至った。

オーストラリア代表のハロルド・ブロックは、マッカーサーを次のように見ていた。

「マッカーサーは、われわれとのやりとりで実に横柄でした。偉大な人物であったとは思いますが、決してやり易い相手ではありませんでした。また、自らの行動について、十分に説明をする必要が無いと考えていたようでした。非常に気むずかしい人でした。高慢で職務を遂行するにあたってとてもせっかちでした。これに対して、極東委員会は多くの代表者から成り立っており、マッカーサーにとっては扱いにくい組織だったことでしょう。明らかにマッカーサーは苛立っていました」

極東委員会に反発するマッカーサーは総選挙を強行し、既成事実を積み重ねていた。委員会は総選挙の結果は認めながらも、選ばれた国会議員で十分に審議することを求めようとした。

ブロックは、十分な時間をかけて審議することの必要性を力説した。

「とにかく、私たちは、より時間をかけて憲法が作成されることを望んでいました。憲法の改正が早過ぎると感じていました。ですから、検討の機会が与えられるべきだと考えたのです。マッカーサーによって、あまりに早急に事が進められていたのです。

私たち委員会の最大の関心は、憲法が日本人の望みを真に尊重し反映させたものでなければならないということです。何も極東委員会が、独自に憲法の起草を試みていたわけではありません。しかし、いかなる憲法であろうと、それを可決させる権利、あるいは人々の願いが真に反映されていることを確かめる権利は極東委員会に在ります。その意味で、われわれ極東委員会の権限が、ないがしろにされていると思いました」

五月一三日、極東委員会は「新憲法採択の諸原則」を決定し、GHQに伝える。

「新憲法採択の諸原則は、最終的に採択された時点で、この憲法が日本国民の自由に表明された意思を保障するものでなければならない」。そのために、国会で十分に時間をかけて討議することを求めていた。

当初、GHQと日本政府は早期の改憲を目指していたが、極東委員会の原則に従い、帝国議会で条文の審議が行われることになった。

「平和国家」と「国体」

六月二〇日、第九〇回帝国議会が開会した。

翌二一日、吉田茂首相は、衆議院での施政方針演説で「「ポツダム」宣言の趣旨に副《そ》うて、民主主義的平和国家の建設と云う大事業」として憲法改正に取り組む決意を示した。

「政府は速かに民主主義と平和主義とに依る政治の運営、並に行政と経済の全般に亘って再検討を行い、是が改革を実行し、真に平和的国際社会の一員たるの資格と実質とを贏《か》ち得んことを期して居るのであります」

吉田内閣は天皇の勅語を受けつぎ、「平和国家の建設」を憲法改正の大方針に掲げたのだ。

同じ日、片山哲が日本社会党を代表して質問した。片山は、一八八七(明治二〇)年生まれ、東京帝国大学法学部卒業後、弁護士をへて、戦前は、社会民衆党、社会大衆党の議員として活躍した。日本社会党が結成されると書記長に就任、一九四六年には委員長となる。

片山は九条について次のように述べた。

「民主憲法は積極的に、日本国は平和国として出発するものであることを明示する、世界に向っての平和宣言を必要とすると私は考えるのであります、例えば第二章の戦争抛棄の前に別条を設けることも宜しいと思いまするが、日本国及び日本国民は平和愛好者たることを世界に向って宣言する世界恒久平和の為に努力する、且つ国際信義を尊重する建前であることを声明することが必要なりと私は考えて居るのであります」

先述したように社会党は、早くから平和主義を掲げていた。一九四五年一一月に発表した党綱領では、「恒久平和の実現」を掲げ、外交政策では「国際安全保障機構への参加」をうたっていた。

二月二四日に発表した「新憲法要綱」の目標にはこう記されていた。

「平和国家を建設するを目標とするを以て、従来の権力国家観を一掃し、国家は国民の福利増進を図る主体たることを明かにす」

この方針を受け、片山は九条を消極的な制限規定にとどめず、積極的に平和愛好を明らかにすべきだと主張したのだ。この提案はその後、小委員会で改めて提案され、第九条一項の冒頭に追加が行われることになる。

帝国憲法改正案は二五日、本会議に上程され、四日間の質疑応答が続いた。議論の中心は、国体は変わったのか――。質問に立ったのは自由党の北昤吉《きたれいきち》議員である。有名な北一輝の弟で、吉野作造の民本主義を批判し、アジア主義を唱えた哲学者でもあった。北は国体、すなわち天皇のあり方を問題にした。

「此の憲法は国体変革にあらずと云うことを、懇切丁寧に国民に徹底させる必要と責任がありはしないかと感ずるものであります」

これに対して、吉田首相は、新憲法でも国体は変わらないと力説した。

「皇室の御存在なるものは、是は日本国民、自然に発生した日本国体其のものであると思います、皇室と国民との間に何等の区別もなく、所謂君臣一如であります、君臣一家であります……国体は新憲法に依って毫も変更せられないのであります(拍手)」

吉田内閣で憲法専任の国務大臣となったのが、金森徳次郎だった。金森は一八八六(明治一九)年、名古屋市に生まれ、東大法学部を卒業、法制局に入る。一九三四年に法制局長官となるが、翌年の天皇機関説問題で、著書に美濃部説的な表現があるとして批判され、辞職。一九四六年に貴族院議員となり、第一次吉田内閣で国務大臣に就任した。

金森は、のちに「憧れ大臣」とよばれるようになる独自の答弁を行った。

「私は民主政治と日本の君主政治と云うものには、何等の破綻も抵触もないものと固く信じて居るのであります(拍手)我々日本人の、本当に日本の国の特色とでも云うべきものは何であるかと云えば、我々の心の奥深く根を張って居る所の其の心が、天皇との密接なる繋りを持って居りまして、謂わば天皇を以て憧れの中心として国民の統合をなし、其の基礎に於て日本国家が存在して居ると思うのであります」

天皇を国民の憧れの中心とするという表現は、金森が佐藤達夫らと「何かいいキャッチ・フレーズはないかと、いろいろ知恵をしぼった」末に生まれた言葉だった。

金森は「巧みな云い廻し」で滔々と弁じ、答弁回数は一五〇〇回、一回の答弁が一時間をこえることもあった。

国体とならんで議論の焦点となったのが、国民主権であった。新憲法では、主権は誰にあるのか――。社会党の片山哲議員の質問に、金森国務大臣は「主権は天皇を含む国民全体にある」としたが、主権の所在について質問が相次いだ。国民主権について、改正案の第一条は次のようになっていた。

「天皇は〔……〕この地位は、日本国民の至高の総意に基づく」

この「至高」という言葉は英語の sovereign の訳語で、幣原の発案といわれる。

六月二八日、共産党の野坂参三議員はこの条文を問題にした。

野坂参三は一八九二(明治二五)年、山口県生まれ、一九二二年、日本共産党結成の年に入党。戦時中、中国で「日本人民解放連盟」を結成。日本軍捕虜への教育、反戦活動を展開した。野坂は一九四六年一月に帰国し、日本共産党の指導者として「民主人民戦線」「愛される共産党」など新しい方針を打ち出していた。

「一体主権が国民の手にあるのか、天皇にあるのか、之を此処で胡麻化さずにはっきりと言って貰いたい〔……〕、憲法前文の中に「国民の総意が至高なものである」、是は英文ではどうなって居るかと言えば、「ソヴァレーンティ・オブ・ザ・ピープルス・ウィル」〔sovereignty of the people's will〕、詰り人民意思の主権、斯う云う風になって居る〔……〕。是ではっきりと、人民の手に主権があると云うことを書いて居る、どうして斯う云うような、はっきりしないような、「国民の総意が至高」と云う風な言葉を使わなければならないか」

野坂は、英文にはっきり国民に主権があるとしているのに日本語は曖昧であると批判した。これに対して金森国務大臣は、「日本国の憲法は日本国の文字を以て書かれまして、ここに現われて居るものがそれであります、英文は翻訳に過ぎませぬ、而《しか》も実際に於て意味の上に異なる所がないと考えて居ります」と答えるにとどまった。

国民主権が明確でないという問題は、後述するように極東委員会でも問題になり、「国民の総意が至高」という条文は結局、修正されるにいたる。

共産党は六月二九日、「日本人民共和国憲法草案」を発表する。野坂はこの草案の天皇制廃止論に基づき、天皇に権限を持たせると反動分子が再びこれを悪用すると批判した。

金森は「政治的考察に於てどの角度から見ても濫用を生ずる虞《おそれ》はないと考えて居ります」と答えた。

自衛権は認められるのか

戦争抛棄の条文については、自衛権が認められるのかが課題であった。

六月二六日、衆議院の本会議で日本進歩党の原夫次郎《はらふじろう》議員が質問した。

「唯恐るべきは、我が国を不意に、或は計画的に侵略せんとするもの達、或は占領せんとするものが出て来た場合に、我が国の自衛権と云うものまでも抛棄しなければならぬのか〔……〕不意な襲来とか、侵略とか云うようなことが勃発致した場合に於て、我が国は一体如何に処置すべきか」

原は、第一次大戦後の国際連盟が失敗に終わったことにふれ、新たに生まれた国際連合への政府の考えを質した。

「一体全世界の上の国家に対して、其の国家の上に更に一つの大きな厳然たる国家権力が行われると云うようなことになれば、それこそ永遠の平和を保つことが出来、又日本が戦争を抛棄することの為に、それ程心配はしなくても宜いじゃないかと云うような考えも起るのであります」

これに対して、吉田首相は次のように説明している。

「戦争抛棄に関する本案の規定は、直接には自衛権を否定して居りませぬが、第九条第二項に於て一切の軍備と国の交戦権を認めない結果、自衛権の発動としての戦争も、又交戦権も抛棄したものであります。従来近年の戦争は多く自衛権の名に於て戦われたのであります、満州事変然り、大東亜戦争亦然りであります、今日我が国に対する疑惑は、日本は好戦国である、何時再軍備をなして復讐戦をして世界の平和を脅かさないとも分らないと云うことが、日本に対する大なる疑惑であり、又誤解であります、〔……〕故に我が国に於ては如何なる名義を以てしても交戦権は先ず第一自ら進んで抛棄する、抛棄することに依って全世界の平和の確立の基礎を成す、全世界の平和愛好国の先頭に立って、世界の平和確立に貢献する決意を先ず此の憲法に於て表明したいと思うのであります。〔……〕

平和国際団体が確立せられたる場合に、若し侵略戦争を始むる者、侵略の意思を以て日本を侵す者があれば、是は平和に対する冒犯者であります、全世界の敵であると言うべきであります、世界の平和愛好国は相倚り相携えて此の冒犯者、此の敵を克服すべきものであるのであります。ここに平和に対する国際的義務が平和愛好国若しくは国際団体の間に自然生ずるものと考えます」

吉田は、自衛権は否定はされないが、満州事変や太平洋戦争が自衛の名の下に戦われた歴史に鑑み、世界の不信をぬぐうために交戦権も進んで抛棄するとしている。そして、日本の安全は「平和国際団体」に依拠するとしている。これは、一九四五年一〇月に設立された国際連合のことであろう。吉田の説明にある「平和愛好国」という言葉は、一九四五年六月にサンフランシスコで調印された国際連合憲章からとられている。

吉田の説明を受けて、同じ日、社会党の鈴木義男が九条の平和主義を高く評価した。

「政策としての戦争は之を抛棄し、一切の軍備を撤廃すると云うことを国是としましたことは結構なことであります、縦《よ》しや外国評論界の一部に、それは子供らしい信念だと嗤《わら》う者がありましても、過って改むるに憚ることなかれでありまして、我が国が先鞭を付けることに依りまして、世界の国々の憲法に此の種の規定を採用せしむるだけの意気込を以て臨むべきであると信じます(拍手)」

鈴木義男は、一八九四(明治二七)年、現在の福島県白河市に生まれた。東北帝国大学で行政法を講じ、弁護士をへて社会党の国会議員となっていた。

鈴木は自衛権の問題にふれ、将来、国連への参加による安全保障を考えるべきだとしている。

「戦争の抛棄は国際法上に認められて居りまする所の、自衛権の存在までも抹殺するものでないことは勿論であります、其のことは心配をして御質問になった方が二、三あるようでありますが、御心配は御無用であります、併《しか》し軍備なくして自衛権の行使は問題となる余地はないのでありまするから、将来幸いに国際連合等に加入を認められまする場合に、国際連合に安全保障を求め得られるであろうと云うことを期待致すのでありまするが、我々の心配致しますのは、我が国が第三国間の戦場となるようなことであります、是は憲法の問題ではありませんが、斯う云う宣言を致しまする以上、政府は将来外交的手段其の他に愬《うった》えて、一日も早く国際連合に加入を許され、安全保障条約等に依って我が国が惨禍を被むることを避けられるように善処せられる用意があられるかと云うことを念の為に御尋ね致すのであります(拍手)是は国民全体が深く心配を致して居る所でありまするから、此の際政府の御所見を明かにせられたいと存ずるのであります」

社会党の鈴木も、九条によって自衛権は否定されていないと考えていた。そして、前日、自由党の北昤吉が「局外中立を交渉する用意があるか」と質問していたのに対し、鈴木は「永世局外中立」は前世紀の存在であり、これを持ち出すのは「アナクロニズム」と批判。国際連合への参加を力説する。

「今日は世界各国団結の力に依って安全保障の途を得る外ないことは世界の常識であります(拍手)加盟国は軍事基地提供の義務があります代りに、一たび不当に其の安全が脅かされます場合には、他の六十数箇国の全部の加盟国が一致して之を防ぐ義務があるのである、換言すれば、其の安全を保障せよと求むる権利があるのでありますから、我々は、消極的孤立、中立政策等を考ふべきでなくして、飽くまでも積極的平和機構への参加政策を執るべきであると信ずるのであります(拍手)此の点に付て政府の御所見は如何でありますか」

これに対して、金森国務大臣の答弁はあっさりしたものだった。

「是は総理大臣が他の機会に於て御説明になりました通り、左様な考えを心の中には描いて居るけれども、現実の問題としては之を明かにするには時期が適当でない、斯う云う意味に御考えを願いたいと思います」

鈴木は、こう漏らさざるを得なかった。

「只今の御答弁は甚だ不満足の点が多々あります」

鈴木は、なぜ国連への参加を力説したのだろうか――。

鈴木義男のヨーロッパ体験

鈴木義男については、最近、東北学院大学の仁昌寺正一教授によって、その前半生と九条の平和主義との関わりが明らかにされている(『大正デモクラシーと東北学院――杉山元治郎と鈴木義男』)。

鈴木義男

仙台の東北学院は鈴木義男の母校でもある。礼拝堂地階に設けられた東北学院史資料センターを訪ねると、鈴木に関する資料も収蔵、展示されていた。

仁昌寺は、鈴木の思想の背景には大きく二つがあるという。

「東北学院でふれたキリスト教の人道主義と東京帝国大学で吉野作造に学んだ民本主義です」

鈴木は熱心なクリスチャンの家に生まれ、父・義一は伝道師だった。一三歳で入学した東北学院普通科で、シュネーダー院長から「私の全生涯を決した」という影響を受ける。仙台の第二高等学校に進んだ鈴木は、弁論部で活躍。そして東大法学部で美濃部達吉から法律を学び、吉野作造の民本主義の影響を受けた。

その後、東大の助手となった鈴木は一九二一(大正一〇)年、文部省の研究員としてヨーロッパに渡り、ドイツ、フランスで学ぶ。仁昌寺は、二年八カ月に及ぶヨーロッパ留学が、鈴木に大きな影響を与えたと指摘する。

「第一次世界大戦後の悲惨な状況は、自分の予想をはるかに上回るくらい酷かったと書いています。そういう状況を二度と繰り返してはいけないと感じたのではないか。大戦後、ドイツはハイパーインフレーションで大変な状況だった。自分の目で見て肌で感じたショックは大きかったのでしょう」

一九一四年から四年にわたった第一次世界大戦。飛行機、戦車、毒ガスなどの新兵器が登場し一五〇〇万人を超える犠牲者が出た。このうち民間人は六八〇万人、市民を巻き込んだ総力戦の時代の悲惨な結果に鈴木は衝撃を受けた。ドイツからこう報告している。

「今自ら親しく各国を視察してこの破壊の余りに大なるを痛感いたし候。この創痍を癒すことは如何なる力を以てするも近き将来に於て望み難き事と考えられ候。又しても人類は一大愚挙を敢てしたる次第に御座候。勿論、小生はこの混乱裏に於て幾多の注目すべき新価値の萌芽を見い出すものに有之《これあり》」(鈴木義男「独逸より」『思想』一九二三年九月号)

さらに鈴木は、大戦後の世界で国際協調という新しい動きにふれた。そのことの意義を強調するのが、鈴木の孫で一橋・東京大学名誉教授の油井《ゆい》大三郎《だいざぶろう》(七二歳)だ。国際政治学の泰斗で、ロマンスグレーの風貌が鈴木を彷彿とさせる。

「戦争の再発を防ぐ方法というのはどうしても必要だということで、一九二〇年には国際連盟が成立して一九二八年に不戦条約が結ばれた。一九二〇年代の国際協調主義の雰囲気を、祖父はもろにドイツやフランスで身につけていったと思いますね」

鈴木はドイツやフランスで国際法を精力的に学んでいる。そして、フランスの国際法学者ルイ・ル・フールの学説を引用して、ヴェルサイユ条約に「重大な欠点がある」としている(鈴木義男「仏蘭西より」『法学志林』一九二三年一二月一日号)。

油井は、祖父・鈴木の思索を次のように説明する。

「ヴェルサイユ条約は、戦争を違法化していない。つまり戦争を防ぐために制裁措置、国際政治上の予防措置みたいなものは考えているけれども、戦争そのものが違法なんだという考え方が入っていないとフランスの学者が批判していて、祖父もそれは賛成した。

ですから、国際連盟の一つの弱さとして、戦争を違法化する法的な裏付けが欠けていたという面があります。結局ドイツでナチスが成立したり、日本が満州事変を起こしたりすると、国際連盟は制裁措置が発動できない。だから理念としては非常に理想的なものだけれど、裏付けがない。紛争が起こった時に、平和的に処理するためのパワーを国際連盟は持っていない。その反省から国際連合は大国の協調のもとで安全保障理事会を設置し、場合によっては軍事制裁も行える国連軍を作って、違法行為を起こした主体に対しては、制裁措置を下すことができるようなシステムにした」

敗戦後、鈴木義男は、国際連盟の反省から国際連合が成立した流れを知り、これに参加することで日本の安全保障を維持しようと考えていたという。

「日本が戦争を放棄するという、言ってみれば主権国家にとっては自殺行為です。それまで主権国家は軍事力で安全や主権を担保していた。その軍事力の発動を自ら放棄するというのは大変な、主権国家としては危うい道の選択なわけですけれど、それを可能にしたのは、これからの平和は国際連合という国際組織で守っていく、そういう世界の大義、世界の胎動に、日本も安全をゆだねようというような意識があったんだと思う」

油井大三郎

国際連盟から国際連合へ。戦争違法化の世界の潮流をみすえて、鈴木は「積極的平和機構への参加政策」を国会で主張したのであった。

自衛権をめぐる論争

六月二八日、衆議院で、後年、世に知られることとなる九条の自衛権をめぐる論争が行われた。それは共産党の野坂参三の質問からはじまる。

「戦争抛棄の問題です、此所には戦争一般の抛棄と云うことが書かれてありますが、戦争には我々の考えでは二つの種類の戦争がある、二つの性質の戦争がある、一つは正しくない不正の戦争である、是は日本の帝国主義者が満州事変以後起したあの戦争、他国征服、侵略の戦争である、是は正しくない、同時に侵略された国が自国を護る為めの戦争は、我々は正しい戦争と言って差支えないと思う、此の意味に於て過去の戦争に於て中国或は英米其の他の連合国、是は防衛的な戦争である、是は正しい戦争と云って差支えないと思う、一体此の憲法草案に戦争一般拋棄と云う形でなしに、我々は之を侵略戦争の拋棄、斯うするのがもっと的確ではないか」

野坂は、憲法で禁止するのは侵略戦争に限定すべきであるというのだ。翌二九日に発表された共産党の「日本人民共和国憲法草案」にはこう規定されていた。

「日本人民共和国はすべての平和愛好諸国と緊密に協力し、民主主義的国際平和機構に参加し、どんな侵略戦争をも支持せず、またこれに参加しない」

野坂は、こうした「条項がもっと的確ではないか」と思うと述べた。

これに対し、吉田首相は次のように反論した。

「国家正当防衛権に依る戦争は正当なりとせらるるようであるが、私は斯くの如きことを認むることが有害であると思うのであります(拍手)近年の戦争は多くは国家防衛権の名に於て行われたることは顕著なる事実であります、故に正当防衛権を認むることが偶々戦争を誘発する所以であると思うのであります、又交戦権拋棄に関する草案の条項の期する所は、国際平和団体の樹立にあるのでありま す、国際平和団体の樹立に依って、凡《あら》ゆる侵略を目的とする戦争を防止しようとするのであります、併しながら正当防衛に依る戦争が若しありとするならば、其の前提に於て侵略を目的とする戦争を目的とした国があることを前提としなければならぬのであります、故に正当防衛、国家の防衛権に依る戦争を認むると云うことは、偶々戦争を誘発する有害な考えであるのみならず、若し平和団体が、国際団体が樹立された場合に於きましては、正当防衛権を認むると云うことそれ自身が有害であると思うのであります、御意見の如きは有害無益の議論と私は考えます(拍手)」

自衛戦争を否定した吉田の答弁。佐藤達夫はこう回想している。

「いかにも、自衛権までも否定するもののような語勢であり、当時、われわれ関係者は少しいいすぎではなかったかと心配した。その前に原議員に対してなされた吉田総理の答弁は、あらかじめ準備した答弁方針に沿うものであったにもかかわらず、野坂議員に対する答弁がこのようになったのは、いわば、〝売りことばに買《ママ》ことば〟の気味もあって、総理もいくらか激したためであったろうと思われた」(佐藤達夫『日本国憲法成立史　第四巻』)

政府が準備した「想定問答集」では「自衛権は認められるか」との質問への答えは次の通りであった。

「戦争抛棄に関する規定は、直接には自衛権を否認していないが、一切の軍備と国の交戦権を認めていないので、結果に於て自衛権の発動として、本格的な戦争は出来ないこととなる」(同『日本国憲法成立史　第三巻』)

この答弁は一九五四年、鳩山政権が自衛戦争合憲を打ち出すまでは、九条解釈の政府解釈としてひろく一般に受け止められていた。

主権を国民へ

七月二日、ワシントンの極東委員会はあるべき憲法の原則を示した。「新しい日本国憲法のための基本原則(Basic Principles for New Japanese Constitution)」である。その骨子は……。

「一、日本国憲法は、主権が国民に存することを認めなければならない。

二、日本国における最終的な統治形態は、日本国民の自由に表明された意思によって確立されるべきであるが、天皇制を現行憲法の形態で存置させることは、前記の一般目的に合致するとは、考えられない。したがって、日本国民は、天皇制を廃止するか、またはより民主的な線にそって天皇制を改革するよう奨励されなければならない」

極東委員会は、国民主権を明確にすることを求めたのだ。七月三日、この文書はアメリカ陸軍省からマッカーサーに送られ、対応を迫った。

これを受け、七月に入り、ＧＨＱと法制局は国民主権の表現で折衝を繰り返すことになる。その主役はまたしても、民政局次長のケーディスと法制局次長の佐藤達夫である。

七月一〇日、ケーディスは、ＧＨＱを訪れた佐藤に、「「主権在民」をはっきり法文にあらわせないか」と切り出してきた。第一条が英文と一致せず不明確であるというのだ。

七月一五日、ケーディスの「法制家として懇談したい」との申し出に、佐藤は再びＧＨＱを訪れた。佐藤は、次のように会談を回想している。

「彼〔ケーディス〕は、「とにかく原案の「至高の総意」ということばは日本人にさえわからないらしい。前文の他の字句はいじってもいいから、ぜひ主権在民を入れてもらいたい。極東委員会が何か文句をいうとすれば、必ずそれは主権在民の問題であり、場合によっては、天皇制を否定してくるかもしれない。司令部としては、うしろにこういうものを控えているのだから、われわれも苦しい立場に直面しているわけだ」といった。彼は「至高」を「シーコー」「シーコー」とたびたび日本語で発音したのを思い出す」

ケーディスは、あからさまに極東委員会の圧力を語っている。

さらにケーディスは、金森国務大臣との面会も希望。七月一七日午前九時、首相官邸で金森国務大臣と入江法制局長官、佐藤次長との会談が行われた。ケーディスは「私的なものである」と断りながら、最近の金森らの国会答弁に疑問を投げかけた。

「憲法草案の日本文と議会での大臣の答弁を総合してみると、政府の意図は、新憲法をもってあたかも松本案と同じような意味をもたせようとしているように見うけられる。司令部側としては、天皇の法律的地位を高めようとする努力は、これを政治的に見れば、とりも直さず天皇の地位を危うくするものだと考える……」

金森大臣は、「まず自分の「国体」についての基本的な考え方を説明しておきたい」として、金森六原則とも呼ばれる考え方を示した。

ケーディスは「自分たちの考え方と全く同じだ」としながらも、金森の「主権は、天皇を含む国民にある」という答弁は、非常に誤解されやすいと指摘。そして、「何とか主権在民を法文に明記することはできないものか」と述べた。

しかし、金森は受け入れようとしなかった。

「自分は「至高の総意」でよいと考え、その信念のもとに説明して来た。共産党以外は大部分の議員もその説明で満足していると思う。自分としてはいまさらこれを修正し兼ねる」

結局、議論は持ち越されることになった。

第二回金森・ケーディス会談は七月二三日午後五時、高輪の内閣書記官長官邸で行われた。日本側は、金森国務大臣、入江長官、佐藤次長、加藤連絡官である。

条文の修正点を議論した末に、午後七時ごろ会議が終ったかに見えた時、ケーディスが主権在民について切り出した。入江によると次のようであった。

「主権の所在につき日本文の表現はきわめて不明確である。前文なり条文なりのどこかに主権が国民にあることを明示されたい。前文に「国民の総意が至高であることを宣言し」といったり、前文第三項が英文ではピープルとありながら、日本文は国または国家という文字を使っているのは英文の文字をことさらに歪曲したものであるような気がする。それでは主権は国家にあるとも見え、また主権は天皇、内閣、国会、裁判所に分属するとも見え、またそれらの国家機関の共有であるとさえも見える。かかる二通りの意義に解されるような表現は一種の偽瞞である。マッカーサーもこのような文字の使い方を聞いて非常に驚いている。すなわち元帥は、他日世界の批判の前に立ったとき、もしかかる日本文をアプルーブ〔承認〕したことになると、元帥は非常に silly〔愚か〕で、日本によってだまされたか、または故意にポツダム宣言に反する日本憲法をアプルーブしたか、いずれかであると言われても返す言葉がないであろう。それゆえ前文でも、条文でもどこでもよいから、または前文の現在の文字に何か一句附加することだけでもよいから、主権が国民にあることを明文化してもらいたい」(入江俊郎『憲法成立の経緯と憲法上の諸問題』)

異常なまでのケーディスの熱弁。入江は、「これはよほど背後に強い力があって、それがケーディスをしてかく熱心に主張させているものと感知されました」と回想している。「極東委員会の「日本新憲法の基本原則」が背景にあったように感ぜられます」としているが、図星であった。

主権在民の問題は、ＧＨＱと日本政府だけでなく、極東委員会を中心に国際関係の渦の中に投げ込まれていた。入江も佐藤もそのことを認識させられた。

その後、激論が続いたが、金森もついに折れた。結局、前文の「ここに国民の総意が至高なものであることを宣言し」を「ここに主権が国民に存することを宣言し」と修正。さらに第一条の「至高の総意」も修正されることになった。

七月二五日、自由党と進歩党が「至高」から「主権」への変更を、衆議院本会議に共同提案する。翌二六日、ケーディスは加藤連絡官にわざわざ電話をかけて、こう言ったという。

「自分は先日の会談の際希望したところが議会でも取り上げられて、修正の方向に向かっていることを新聞紙上で知って死ぬほど嬉しかった」(同前)

かくして極東委員会が打ち出した原則はＧＨＱを動かし、日本国憲法で国民主権が明確にされたのである。

第一条　天皇は、日本国の象徴であり日本国民統合の象徴であって、この地位は、主権の存する日本国民の総意に基く。

第9章　九条誕生

生存権を憲法に

七月二五日、「帝国憲法改正案特別委員小委員会」で審議がはじまった。各政党が修正案を持ち寄り、懇談形式で、条文ごとに意見を出し合おうというのである。委員長は芦田均。日記にその意気込みを記している。

「これは画期的な仕事であるだけに私にとっては厚生大臣や国務大臣であるよりも張合のある仕事であると考えている」

芦田は一八八七(明治二〇)年、現在の京都府福知山市の豪農の家に生まれた。東京帝国大学法学部を卒業後、外交官としてロシア、フランス、トルコ、ベルギーに赴いた。一九三二年、退官して衆議院議員となる。天皇機関説を唱えた美濃部達吉を擁護し、反軍演説をした斎藤隆夫の除名に反対するなどリベラルな政治姿勢で知られた。大政翼賛会に反対し、一九四二年の翼賛選挙には非推薦で出馬し当選している。

芦田は六月二九日、委員長に選出された日に新しい鞄を購入したが、この裏に馬場恒吾が「憲法改正紀念」と書き入れたという。

芦田均(写真提供：共同通信社)

高揚した心持ちは芦田だけではなかった。委員となった鈴木義男は「革命に当面して居るような気持で対して居た」と回想している。保守派、進歩派を問わず、「命がけの仕事だ」と感じていたという(鈴木義男「憲法審議に就いて」)。

一四人のメンバーに各政党は精鋭の議員を送り込んだ。ただし、共産党などの小会派は除外された。審議は七月二五日から八月二〇日まで一三回に及んでいる。

この小委員会は、記者の入場も一般議員の傍聴も許されない秘密会であった。速記録は戦後、何度か公開申請がなされたが、なかなか実現しなかった。実は、この速記録はマッカーサーの命令で英訳され、GHQに提出されている。こちらはマイクロフィッシュが国会図書館に入り、一九八三(昭和五八)年に翻訳が公刊された。古関彰一によれば、しかし、政府にとって都合の悪い発言は、英語版で四一カ所、削除されていた(『帝国憲法改正案委員小委員会速記録』解説)。

日本語の速記録が公開されたのは、審議から四九年後の一九九五(平成七)年九月二九日のことである。公開によって、日本人自らの手で様々な修正が行われた詳細な経緯が明らかになった。憲法九条のいわゆる「芦田修正」をはじめ、憲法二五条の生存権や義務教育の中学校までの延長など、小委員会でなされた修正は多い。憲法を日本人のものにしていく苦闘の軌跡が読み取れる。

小委員会では、憲法二五条に生存権を加えるなど社会党議員の奮闘ぶりが目を引く。格差社会や非正規労働者の問題などが論じられる今、憲法二五条は重要な条文となっている。なぜ、生存権の追加を提案したのか――。

鈴木義男が一九五八年に参議院の委員会で回想している。それによれば、小委員会の委員に選ばれたとき、鈴木はケーディスにこう尋ねたという。

「これはむやみに修正しちゃいけないといううわさがあるが、ほんとうか」

「いや、そんなことはない。日本国民が、そして国会の代表者がほんとうに日本のためによいと思うところがあるならば、反動的に、封建的に直すのはどうも賛成できないが、直すことはけっこうなことなんである。少しも拒むつもりはない。ただ天皇の性格を象徴でないものに変えるということ、及び軍隊を再び持つということは、これは極東委員会及び司令部の方針として賛成ができないんだ。〔……〕大いに修正してよろしい」(鈴木義男『私の記憶に存する憲法改正の際の修正点』)

それで鈴木は安心して、修正するつもりで改正案をよく読んでみると、「一八世紀から一九世紀の憲法じゃないか」と思った。

「基本的人権などは、〔……〕フランス人権宣言、アメリカの独立宣言及びフランスの今の憲法の流れを汲む個人主義的十九世紀的な基本的人権が多く網羅されておって、二十世紀的な社会主義的な、経済的、社会的権利の保障というものは乏しい。これを直さなければならぬと思ったのであります」

生存権はGHQ草案にはなかったのである。

七月二九日、第四回の小委員会で社会党の生存権の提案が審議された。

この時、改正案の第二三条第一項(のちの二五条)は次のようになっていた。

「法律は、すべての生活部面について、社会の福祉、生活の保障及び公衆衛生の向上及び増進のために立案しなければならない」

社会党は、この第二三条の第一項に「すべて国民は健康にして文化的水準に適する生活を営む権利を有する」を挿入することを求めた。この条文は、前年暮れにまとめられた憲法研究会の「憲法草案要綱」の「国民は健康にして文化的水準の生活を営む権利を有す」を敷衍したものだった。提案したのは憲法研究会のメンバーだった森戸辰男である。森戸は四月の総選挙で、旧広島三区から衆議院議員に立候補し、当選していた。GHQ草案では消えてしまった生存権をふたたび提起したのである。

これに対して芦田委員長は、生存権は「政府が義務を負うべき性質のものではない」との解釈でよいかと尋ねた。森戸は次のように反論する。

「単なる権利を有すると云うことは、唯人がそう思って居るのであって、唯そう書いてあるので、政府は別に之を妨げないと云う消極的な義務だけを負って居るものと云う解釈は、殊に生存権とか労働権とか云うものに取っては、是は不十分なのではないかと云う考えを持って居るのです」「政府は単に之を妨げないと云うことでなく、積極的に此の要求に副うような施設を作って置くことが望ましいし、それを要求するものである」

森戸は、生存権を認めるだけでなく、「生存権を保障する制度を国家は考ふべきである」と主張する。

それでも、芦田委員長は、すでに第二三条に社会の福祉、生活の保障が入っているのではと疑問を投げかけた。

「あなたの方の御提案、わざわざ社会保障と云うのが入って居るのだから、生活の保障と云うのは、若しそう云うのが分りよいと云うのならそれでも宜いが……」

社会保障制度の問題ではないかというのだ。

しかし森戸は、権利を持っていることと権利を保障する制度を持つこととは違うと反論する。

「国民として……生活に対する最小限度の権利を有することがはっきり出ると云うことが、今日憲法を作る場合には特に必要ではないかと私は思います」

「国家が慈恵的に之をやると云うのではなくて、国民が斯う云う生存に対する権利を持って居る、それで民主主義的の国家は其の目的の為に斯う云う施設をやらなければならんと云う風に考えて居る訳です、そう云う意味で是は非常に必要なものである」

続いて自由党の北昤吉が、第一二条で規定された「幸福追求の権利」に生存権は含まれるのでは、と疑問を投げかけた。しかし、森戸は反論する。

「国民の最小限度の生活を保障すると云うことは、唯国家が之を妨げない、各人が勝手にやるのだと云うことではなく、社会制度として国或は公共団体がそう云う施設をすると云うことで此の問題を解決すると云うことがあるのであります」

芦田が「文字にそう拘泥しなくとも、目的は実行にあるのだから……」と投げかけると、森戸は「実行にあっても、日本では中々やらないのですよ」と食い下がり、生活権の必要を訴えた。

「追求する権利があっても、実は生活安定を得られない者が沢山あると云うのが今日の社会の状態です。其の状態を何とか民衆の権利を基礎にして良くして行くと云う所に、生活権の問題と云うものが出て来るであろうと私共は考えます」

翌七月三〇日、第五回小委員会でも、森戸は生活権がワイマール憲法、ロシア憲法のあとにできる憲法には「是非とも必要」と主張。芦田委員長から「『ワイマール憲法』とかは暫く別にして、日本の憲法で行きましょう」と水を差されている。多くの議員はわざわざ生存権を規定することに消極的だった。

結局、議論は八月一日の第七回に持ち越された。

この日なおも、生存権は幸福追求の一二条に書き込めばよいのではという意見が出される。これに対して、鈴木義男が、個人の尊重を規定した一二条に経済上の社会保障を接続すると「木に竹を接いだようになる」と法文上の不整合を指摘した。そして、生存権が二〇世紀の憲法で重要な社会権として条文になっていることを力説した。

「生存権は最も重要な人権です、結局十九世紀までの憲法の体裁だと御考えになるか、二十世紀になってから出来て居る各国の憲法のような憲法を作ることが差支えないかと云うことに帰着するのです、「フランス」の憲法でも、「ソ連」の憲法でも、労働者の権利とか色々なことをもっと詳しく書いてありますよ」

この鈴木の発言は、審議の流れを変える決定的役割を担った。この後、日本進歩党の犬養健《いぬかいたける》議員、自由党の江藤夏雄議員が賛成意見を述べ、生存権が第二五条第一項に規定されることになる。

第二十五条　すべて国民は、健康で文化的な最低限度の生活を営む権利を有する。

敗戦ドイツでの森戸・鈴木の体験

森戸や鈴木は、なぜ生存権にこれほどのこだわりを見せたのだろうか。

森戸が生存権の考え方にふれたのはドイツ留学時代だった。一九二〇(大正九)年、クロポトキンに関する論文が危険思想とみなされ、東大助教授の職を追われた後、森戸は高野岩三郎が所長を務めていた大原社会問題研究所の研究員となる。そして一九二一(大正一〇)年春、ドイツに渡る。マルクス主義の文献を収集するためである。

森戸は、そこでワイマール憲法に出会った。第一次世界大戦の敗戦をきっかけに帝政ドイツが崩壊した後、一九一九年、社会民主党を中心とする国民会議が制定したドイツ共和国憲法である。主権在民、男女平等の普通選挙、労働者の団結権と団体交渉権などが保障され、当時、世界で最も民主的な憲法といわれていた。それまで自由権に絶対的な価値を置いてきた近代憲法から、社会保障、人権保障を考慮した憲法への転換は、このワイマール憲法によってなされた。

広島大学文書館には、森戸が手にした「独逸国憲法」が残されている。その一五一条には生存権が規定されていた。

「第百五十一条　経済生活の秩序は各人をして人間に価する生活を得しむることを目的とし正義の原則に適合することを要す、各人の経済上の自由は此の限度内に於て保障せらる」

アメリカ、フランスの近代憲法を参考に作られた政府改正案には生存権はなかった。森戸はワイマール憲法を通じて知ったのである。

当時、森戸ら社会党は、政府の改正案は「資本主義憲法」であると見ていた。そこに社会主義への漸進を可能にする生存権、労働権の規定を盛り込もうとしていく。その理論を、森戸は法学者でウィーン大学総長だったアントン・メンガーに求めていた。メンガーは著名な経済学者カール・メンガーの弟で、「社会主義的基本人権」を提唱し、生存権は資本主義社会にも適用できるとしていた。森戸はメンガーに触発され、今日でいう「福祉国家」への道を目指そうとする。後年、森戸はこう書いている。

「私たちは、資本主義の弊害を除去しつつ社会主義へいたる道の門口を、新憲法によって開いていこうとしたのだ。別のことばでいえば、「福祉国家」への道である。メンガーの提唱に基づくドイツ流の「社会国家」とは、その後にイギリスで造成された「福祉国家」にほかならない」(森戸辰男『私の履歴書』)

そして、生存権の挿入はその大事な一歩だった。

「この一条は福祉国家の目標を憲法で明らかにしたものでございまして、十九世紀の憲法というのは、生活ができないのは本人の責任であって、かようなものは国家は特に積極的にかまわぬでもいいというような建前をとっておったのでございますけれども、ここで、憲法で、〔……〕将来日本が社会福祉制度を中心とした福祉国家を目指すということを明らかにした〔……〕」

森戸はこうした「福祉国家」を目指しながら、また一方で急進的な改革を退け、漸進的な道を選ぼうとしていた。その背景には第一次世界大戦、敗戦後のドイツの混乱を身をもって体験したことがあった。膨大な賠償金を課せられ、インフレと失業に苦しむドイツ。森戸は眼にしたドイツの姿をこう書いている。

「街路も広場も人の波で埋め尽くす二十万、三十万人の大デモがあり、労働者や市民は「革命！」を叫び、社会主義政党の演説会に集まっていた。〔……〕敗戦による打撃で産業は疲弊し、極度のインフレが生活を圧迫していた。混とんの一語である〔……〕」

ドイツはこの混乱の後、共産党とナチスが台頭し、最も民主的なワイマール憲法を持ちながら、ヒトラーによる一党独裁を招いてしまうのである。こうしたドイツの状況と敗戦後の日本を重ねあわせ、森戸はドイツの轍を踏んではならないと考えた。そこで森戸が選んだのが漸進的な福祉国家への道であった。

鈴木義男もまた社会法の研究を志し、ドイツ留学前からワイマール憲法の生存権に注目していた。鈴木の生存権研究については、鈴木の姉・愛子の孫で、社会事業史学会会員の清水まり子が明らかにしている。

鈴木はヨーロッパ留学から帰国後、東北帝国大学教授となったが、一九二六年に「所謂基本権の法律的実現」を発表した(『社会政策時報』一九二六年一月号)。この論文で、鈴木はアントン・メンガーの生存権(Recht auf Existenz)を「最小限度に於いても生理的肉体の所持者たる各人の生命の保障を意味するもの」と定義、そして「人格的生存権」を提唱している。その意図は、「人類の人類としてこの地上に生きる意義を最小限度に於いても精神生活にかゝらしめて理解」したいので「人格的」という形容詞をつけたという。生存権を肉体的生理的なものにとどまらず、「精神的存在である人格の尊厳と発達を保障すること」と考えたのだ。第二五条の「健康で文化的な最低限度の生活」の「文化的」にはこうした意味が込められていると清水は指摘する（清水まり子「人格的生存権の実現をめざして」）。

清水は、人格的生存権を次のように規定している。

「生理的肉体的維持保障に加え、本質的に精神的存在である人間（人格）の、生涯にわたる精神的営為とその尊厳および発達進化を保障される権利」

そして鈴木の意図をこう読み解く。

「鈴木の社会法の研究の中から出てきていますが、起点は社会的に劣勢に立ちやすい人々の人格的な尊厳を法的に擁護しようという視点にあります」

鈴木は論文の最後を次のように結んでいる。

「余は新しき法治時代の出発点をこの人格的生存権の認承に置き、そ《ママ》が立法と解釈とを通して如何に発展せしめらるゝかを見度いと思うのである」

この論文からちょうど二〇年後、新しい憲法に生存権が盛り込まれた。森戸と鈴木、戦前に期せずしてワイマール憲法を学んだ二人の尽力で、第二五条に生存権が規定されたのである。

九条修正——鈴木義男の提案

戦後日本の安全保障、憲法改正が論じられるとき、必ず焦点となる憲法第九条。その修正が行われたのは、七月二七日から八月一日までの小委員会であった。後に「芦田修正」とも呼ばれることになる第九条の修正。その経緯を、公開された速記録をもとに追ってみよう。

第九条は、帝国議会に提出された改正案では次のようになっていた。

第二章　戦争の抛棄
第九条　国の主権の発動たる戦争と、武力による威嚇又は武力の行使は、他国との間の紛争の解決の手段としては、永久にこれを抛棄する。
陸海空軍その他の戦力は、これを保持してはならない。国の交戦権は、これを認めない。

これに対して、社会党が修正意見を提出した。「草案、第九条の前に一条を設け「日本国は平和を愛好し、国際信義を重んずることを国是とする」という趣旨の規定を挿入」しようというのである。社会党はすでに衆議院本会議で片山哲が、委員会審議で黒田寿男が、同様の提案を行っていた。平和主義を「国際的に明確にした方がよろしい」というのである。

七月二七日、第三回小委員会で鈴木義男は、社会党の提案は道徳的な規定であるとして次のように述べた。

「皆さんの御意見を伺います、唯戦争をしない、軍備を皆棄てると云うことは一寸泣言のような消極的な印象を与えるから、先ず平和を愛好するのだと云うことを宣言して置いて、其の次に此の条文を入れようじゃないか」

鈴木の発言を受けて、日本進歩党の犬養健議員が、「積極的」に戦争を放棄するという意味を加味したいと発言する。犬養は五・一五事件で暗殺された犬養毅首相の子で、東大哲学科を中退、白樺派の作家として活動後、政界に入った。のちに吉田内閣の法相をつとめた。

「第二章は非常に結構な法文で、此の憲法の中の傑作ですが、何だか仕方がない、止めようかと云うような所があります。何か積極的な摂理として、戦争はいかんと云うような字が入れば尚お宜いかと思いますが、その為にこの委員会が非常に面倒になるなら固執致しませぬ」

これには鈴木議員も、「面倒になるどころじゃない、大いにそれは賛成」と発言。

議論はこれと平行して「戦争の抛棄」の「抛棄」の文字に及んでいる。芦田が自由党案の「戦争の否認」はどうかと提案するが、結局は戦争権を抛棄するという意味で残すことになる。但し、漢字制限があるので「ホウキ」と仮名で教えることになると鈴木が発言すると、芦田はこう心配している。

「仮名で書いては子供は掃き掃除の「箒」と間違える」

こうした闊達な議論の中、犬養がさらに提案する。

「さっきの第九条の一等初めに「日本国は、永遠の国是として、戦争の抛棄を宣言する。即ち国権の発動たる戦争」云々と云うようなことを入れたら、少し強くなりはしないですか、此の儘だと、何だかどうも到頭いけなくなっちゃったから戦争は止めようと云う風に聞えてならぬです、どうもそう取れる、併し是は国是だ〔……〕」

いきなりぶっきら棒に「国権」としてもどうかと思うから、斯う云う風にやったら宜いでしょう、委員長、斯う云う範囲の修正は可能ですか」

芦田「無論可能でしょう」
犬養「どうもそれを入れた方が宜いと思う」
原(夫)「それは宜いね」
犬養「どうもめそめそして居るように思う〔……〕」
芦田「〔……〕犬養君の初めの書出しを以て第九条の一項と合体することにしたらどうかと思うのです、〔……〕永遠の国是として寧ろ平和を愛好するような趣旨で行くのだと云うようなことを書いて、それから国権の発動たる戦争云々と入れれば重複しないのですがね、社会党の案に何か平和愛好の意味の箇条があったのではないですか」
鈴木「斯う云う風にしようと云うのです、「日本国は平和を愛好し国際信義を重んずることを国是とし教育の根本精神をここに置く」と云うようなことを現わせば法律になる——法律になるかならないか疑問だが〔……〕」
「平和を愛好し〔……〕」は社会党の案であるが、鈴木はここで、「教育の根本精神」として「平和の愛好」を主張している。
孫の油井大三郎は、提案の意図をこう読み解く。
「今度は日本人自身の問題として、戦争を二度と繰り返さない制度を作らないといけない。そういう、ある意味では悲痛な願いの中で九条というのが登場してくる。ですから、九条はGHQが考えたことかもしれないけれど、しかし、それをもっと積極的に位置づけていくためには、何らかの意義づけが必要だということで、祖父は提案したのではないかと思う」

ここで、鈴木が「教育の根本精神」として平和を主張したのには理由がある。戦前の教育現場での苦い体験があったのだ。

軍事教練と鈴木義男の抵抗

鈴木はヨーロッパ留学から帰国後、東北大教授として行政法学を講じていた。この時、教育現場での軍事教練の強化に反対したのである。

発端は、一九二二(大正一一)年のワシントン海軍軍縮条約の締結だった。軍縮により余剰となる現役将校の予備役編入を防止するため、中等学校以上の男子の学校に配属し兵式訓練を行わせようという動きがおこる。第一次世界大戦後の総力戦に備えるためでもあった。鈴木はこれに対し、反対の論陣をはる。その詳細は仁昌寺正一が明らかにしている。

一九二四年(大正一三)年一二月、東北大の学生を中心に結成されていた「仙台軍事教育学生反対同盟」の集会で、鈴木は学生の要請に応じて反対演説を行った。そして一二月八日から「はしがき」を含め七回にわたって、河北新報に「所謂軍事教育批判」と題する論文を連載した。なぜ軍事教練に反対するのか、歴史、思想、科学など多角的に論じており、鈴木の平和思想をみるのに重要な論考となっている。

鈴木は第一回で、「人間の世の中は不断の闘争である」として軍事教育を肯定する考え方に対し、こう批判する。

「しかし人は皆この闘争を超えて平和を望むのである。闘争は決して目的ではなく平和こそ目的で

ある。教育の目的も畢竟《ひっきょう》この外に出づるを得ない」(河北新報一二月九日)

第二回では、人類文化はカントの「永遠平和論」やウィルソンの「国際連盟の企て」の理想に向かっているとする(河北新報一二月九日)。翻って近代日本が「軍の上手な国だ、兵隊の強い国だ」とされているが、「強兵主義を努むるも経済的に国亡びざるを得ないのである」と警鐘を鳴らしている。「識者はわが国民教育の目標を見誤っている。軍事教育は抑も現代において末である。科学教育の一層の振興こそがわが国の発展途上焦眉の急務である」(河北新報一二月一〇日)

一二月一一日の第三回では、第一次世界大戦後のドイツで鈴木が見聞きした体験が語られる。大戦中のドイツには戦争を肯定する言説があふれていた。

「戦争は人類文化の進歩に必要欠くべからず、戦争あるによってのみ尚武心を維持し人類の堕落を防ぎ得る」「武力に訴えても独逸文化を世界に宣揚することは独逸民族が神よりゆだねられたる使命である」

「その結果は如何。大戦に依って利したる国は一もないのである。今なお大戦は不可避であったと論ずるものが多いけれども各国民の態度にしても少し慎重であったならば其惨害は避け得られないことではなかったのである。真に避け得られざる戦争というものは少いのである。力に対する自信は兎もすれば容易に戦争に導くのである。少青年の心にかくの如き動機を植え付けることは我国の現状に鑑みて出来るだけ避くべきである」

「軍事教育を全国の学校に大規模に行うことに依って次代の国民の精神に及ぼす大なる悪影響は少青年の心に知らず〱戦争的本能を植え付け激発して戦争を好ましむるに至ることである」(河北新報

一二月一一日)

鈴木はさらに第六回で、軍事教練によって教育現場に軍が介入してくる危険性も指摘している。

「今回問題となりつつある軍事教育案の最も恐るべき難点は予後備の軍人を以てこれに当てるのでなくして、現役の将校をこれに向けることである」

「進退の鍵を陸軍大臣が握っている以上、現役将校は学校にあっては校長の監督権に対しては治外法権にも等しく、裁判官と等しく地位の保証を有するものである」(河北新報一二月一五日)

こうした鈴木の批判は、直ちに軍人たちの反発を招く。河北新報には「某陸軍少将」が「鈴木氏の軍教批判の批判」を、一二月一八日と一九日に発表した。結局、翌一九二五(大正一四)年、「陸軍現役将校学校配属令施行規程」が公布され、軍事教練は実施されることになった。

鈴木は当局から睨まれるようになる。一九二六(大正一五)年に文部省が作成した「左傾教授」のリストには鈴木義男の名が載った。鈴木は、「西瓜」のように「外観は青いが、中身は赤い」とされていた(河北新報一九二六年九月二〇日)。仁昌寺正一は、鈴木への圧力が強まっていったと指摘する。

「日本の当時の最も重要な政策のひとつである軍事教育に真っ向から反対しているんです。ちなみに東北学院も残念ながら、この時はもう賛成してるんです。だから大変な問題になって、彼はもう東北帝国大学を辞めざるをえなくなってくるわけです。でも彼は全然ひかなかった」

結局、鈴木は、一九三〇(昭和五)年四月に東北大を辞職し、弁護士に転身する。鈴木が特に力を入れたのが、治安維持法事件の弁護だった。その被告は河上肇《かわかみはじめ》を筆頭に、山川均、平野義太郎、大内《おおうち》兵衛《ひょうえ》、美濃部亮吉《みのべりょうきち》、宇野弘蔵、鈴木茂三郎《すずきもさぶろう》、和田博雄、宮本百合子……錚々《そうそう》たる顔ぶれである。さらに、ホーリネス系教会の牧師や朝鮮近代文学の祖とされる李光洙《イグァンス》の弁護も行っている。

鈴木家の書生で法律事務所でも働いていた故・真田喜代治に、清水まり子がインタビューしている。それによれば、「だいたい左翼の弁護が多く、河上肇、美濃部亮吉は力を入れてやっていた」「先生自身も〔特高に〕狙われたと思う」という。

仁昌寺正一は、鈴木の弁護の特質として「科学的方法」を採り入れたこと、人間尊重の精神にたっていたこと、反体制の側面をもっていたことをあげている。そこには、吉野作造に学んだ大正デモクラシーの継承者としての姿があった（『大正デモクラシーと東北学院』）。

戦前の軍国主義への抵抗と人権擁護の体験をふまえ、鈴木は憲法の根本的な改正をめざし、憲法研究会にも参加する。そして政治の道を志す。

「明治憲法のもとに国民大衆は非常な抑圧を受けており、私はその圧迫されて陵辱された人たちを弁護することに生涯を費やしておったのであります〔……〕しかし幸いにこれから日本は〔……〕明朗な民主国になるかもしれぬ。ただ見ているだけではいけない。自分も参加して一つこれを完成しなければならないという気持ちを起して、柄にもなく国会に出てくる気になったのであります」（鈴木義男『私の記憶に存する憲法改正の際の修正点』）

弁護士としての体験から、鈴木が特に力を入れたのが国家賠償請求権だった。

「長い間の訴訟上の経験から、官尊民卑のわが国においては、役所がやったことは、みな損害賠償も何もとれない。大体、知事とか内務大臣を相手にして訴訟を起すなんて不届き千万なやつだというようなことで、おどかされて、泣き寝入りになっておったことが多いのでありますから、こういうことは憲法に入れておかなければだめだ」。さらに刑事補償請求権も、法曹界の強い要望もあって、盛り込んだと証言している(同前)。

東北学院大学名誉教授の田中輝和の研究によれば、鈴木も理事を務めたことのある帝国弁護士会の「日本国憲法改正草案」には、憲法改正案としてはわが国で初めて国家賠償請求権と刑事補償請求権が規定されていた。さらに、政府案に対する社会党の修正案にもこの二つが規定されていた。鈴木は七月三一日の小委員会で、弁護士としての体験をふまえ、二つの請求権の必要性を述べていた。

「是がない為に私共は今まで非常な不都合を沢山経験させられた」

田中輝和は、鈴木の功績をこう指摘する。

「小委員会のなかでは、国家賠償請求権と刑事補償請求権の違いについての理解は、必ずしも十分ではありませんでした。それを克服し、それぞれの権利を条文上適切な位置に規定する上で、弁護士であり、公法学者でもある鈴木は、主導的な役割を果たしたと思います」

こうして、二つの条文が憲法に追加された。

第十七条(国家賠償請求権)

何人も、公務員の不法行為により、損害を受けたときは、法律の定めるところにより、国又は公共団体に、その賠償を求めることができる。

第四十条(刑事補償請求権)

何人も、抑留又は拘禁された後、無罪の裁判を受けたときは、法律の定めるところにより、国にその補償を求めることができる。

外務省条約局の提案

舞台を一九四六年七月二七日の小委員会に戻そう。

鈴木と犬養の提案で九条の冒頭に「平和愛好」を強調しようという提案がなされると、議論は熱を帯びて、各議員が次々に案を述べていく。

犬養「「日本国民は永遠に平和愛好者たることを宣言する。国権の発動たる戦争」云々、斯うやっても宜いと思います」

廿日出厖「一つの案ですが、色々と折衷しまして、「日本国は平和を愛好し、国際信義を重んずることを国是とし、国権の発動たる戦争」と言って、後は続けても差支えないと思うのです」

芦田「私の個人の意見としては、平和を愛好すると云うよりは、世界平和の維持に努力するとか、協力するとか云うことを言いたいのです、唯平和が好きだと云うのみならず、自動的に平和維持の為に努力する」

廿日出「それでは斯うしたらどうでしょう、「日本国は恒久平和の建設に志す」〔……〕」

森戸「「日本国は恒久平和の愛好者として、国権の発動たる戦争」云々と云うようにしても宜いと思います」

このあと、森戸が「抛棄」の「抛」の字は漢字制限もあり、一般国民には難しいので「放」にしたらどうかと発言。芦田が「明日一日各派で考えて、出来るだけ良い案を持寄ろうではありませんか」

「今日は最終的に此の文句を決定しないと云う案はどうですか」と提案すると、「異議なし」となった。

こうして、九条の修正は翌週に持ち越した。

この白熱した議論の冒頭で、芦田が一つの資料を持ち出した。

「外務省から来た印刷物に、「国際信義を重んじて条約を守る」と云うことが何処かにあって欲しいと云うような意見が出て居りましたがね」

犬養がこれを受けて発言している。

「外務省が今日言って来たのは、「日本が締結又は加入した条約、日本の参加した国際機関の決定及び一般に承認された国際法規は、この憲法と共に尊重せられなければならない」。斯う云うことを第二項に入れたらどうかと云うことを言って来たのです」

芦田がここで述べている印刷物とは何か――。

番組のリサーチャー岩本善政が、該当する文書を国会図書館の佐藤達夫関係文書の中から発見した。外務省条約局が一九四六年七月に作成した「憲法第九十四条(最高法規の規定)の修正と国際的影響について」である。

この時、憲法改正案の第九四条、のちの第九八条は次のようになっていた。

「この憲法は国の最高法規であって、その条規に反する法律、命令、詔勅及び国務に関するその他の行為の全部又は一部はその効力を有しない」

憲法の最高法規を規定した条文だが、外務省はこの第九四条に第二項として次の条文を追加するよう提案していた。

「日本が締結又は加入した条約、日本の参加した国際機関の決定及び一般に承認された国際法規は、この憲法と共に尊重せられなければならない」

なぜか。その理由も記されている。少し長くなるが、重要部分を引用する。


「世界の思潮は国家間の関係は法により規定せられ、国家の権力も亦国際法の範囲内に於てのみ存することを認め国際連合、国際司法裁判所等の超国家的権威を認め更に世界連邦の思想さえ進まんとして居る、従って新時代の憲法としては国家の権力が国際法の範囲内に於て存在し国家は国際法及条約を尊重すべきとの考を明かにして行くべきであろう。

殊に近年に於ける日本の国際的行動は極端なる国家主義思想に基き条約違反を繰返して来たのであって日本に対する国際間の不信が未だに払拭されて居ないことは事実である。従ってこの際憲法を改正する以上特にこの点を明にする必要があろう」

「国際連合憲章第四条は国際連合の参加資格として「本憲章に含まれる義務を受諾しその義務を実行する能力と意思を有する平和愛好国」という表現を用いて居る。将来日本が国際連合に参加しようとするならば条約上の義務は常に恪守する意思を有することを憲法自体に明かにした方がよいのではあるまいか」

日本が過去に条約違反を繰り返した不信を拭い去り、将来、国連に参加するためにも、締結した条約を遵守し国際法を尊重することを憲法に規定すべきだというのである。

この提案を行ったのは、当時条約局長だった萩原徹《はぎわらとおる》である。萩原は一九〇六(明治三九)年生まれ。東大卒業後、外交官としてフランス、上海、天津、オランダなどで勤務し、南洋局一課長、大東亜省南方事務局政務課長を経て一九四六年二月、外務省条約局長となった。

萩原は、提案の動機と経緯についても後に文書にまとめていた。「憲法第九十八条第二項成立の経過に付いて」である。これも岩本善政が外交史料館で発見した。

ここで萩原は、満州事変以降の日本の外交の誤りを正す必要を訴えていた。

「私が最も重要であると考えていた点は新日本が国際秩序の中にのみ存在し得るものであることを明白にすることであると感じていた。

即ち私の考えでは、一国の主権(それが在君であるか在民であるとか言うことは別にして)の絶対性を強調する十九世紀独逸国家主義法学的な考えこそ、旧憲法の前提をなし、且旧憲法の非民主主義的な解釈を発展せしめたものであり、かかる思想から国家は自ら同意した場合においてのみ他国に対して義務を負いその義務すら国家の利益の為には無視してもかまわないと言う様な考え方の基をなしたものであり、又日本の伝統的な外交を破壊した右翼日本主義のドンキホーテ式外交論の基をなしていたものであるから新憲法はこの点を明白ならしめることが最も必要である。世界は世界連邦、世界政府と言うような思想に向って進んでいる。世界政府と言う様な考えは今日の段階では単なる理想で将来の問題であるとしても、既に今日の世界では一つの秩序であり一つの社会(コミュニチー)であり、一国はそのコミュニチーの中においてのみ存在するのであって、国際的な法秩序のなかにおいてのみ一国の権利も憲法も国内法も存在するものであることは既に何人も明白に認むべきであると思う」

萩原によれば、この修正の提案に吉田茂に提出し、金森国務相、入江法制局長官とも相談。その後、芦田委員長に面接して説明したという。萩原はその日時を「多分八月一日であったと思う」としているが、実際には七月二七日には芦田の手に渡っていたのだ。

この二つの文書を、鈴木の孫で国際政治史が専門の油井大三郎に見てもらった。萩原が「ドンキホーテ式外交」と戦前の日本を批判しているくだりを指さし、こう語った。

「非常に面白いところだと思います。あんまり外交官僚が書きそうにないような表現ですからね」

そして、萩原ら一九二〇年代に協調外交をになった外交官たちの憲法改正にのぞむ考え方を次のように分析する。

「一九二〇年代、ヨーロッパではヴェルサイユ体制、アジアではワシントン体制のもとで、中国の主権を尊重する、海軍軍縮を進めるという理念には、日本も賛成して署名した。一九二〇年代の日本は非常に国際協調的な立場をとっていて、その中心に幣原喜重郎がいた。

ですから日本の外交官からすれば、大恐慌以降に軍部が跋扈して、独裁体制的なものをつくって、国際社会から孤立してしまったことは、非常に残念だという意識はあったと思います。戦争になってからも和平交渉を外務官僚は熱心にやろうとするわけですけど、軍部におさえられてしまう。軍部専制に対する批判は外務省ももっていた。吉田茂もそうです。

ですから、新憲法においては、そういう国粋主義的な考え方ではなくて、国際法を尊重して、国際社会の中で生きていくという方向性を明示すべきだということが外務官僚の中からも出てくるのは自然な流れだと思います。

満州事変を起こして、国際連盟から非難され脱退していった。国際的に孤立して、結局戦争の道に走っていく。だから、日本なりに戦争を反省した場合には、国際社会の批判を無視して戦争の道を突き進んでしまったこと、つまり満州事変以来の政策に対する反省が存在していたと思う。そうなると、国際法の遵守をより強い形で書く必要があった」

幣原、吉田、そして萩原徹……満州事変以降、その協調外交を軍部に破壊されてきた外務省の英米派は、戦争抛棄と国際法の遵守を何よりも求めたのである。そして委員長の芦田均もまた、一九二〇年代にリベラルな外交官として知られていた。

こうした外務省条約局の提案を受けて、小委員会で憲法第九八条の二項に次の条文が追加された。

二　日本国が締結した条約及び確立された国際法規は、これを誠実に遵守することを必要とする。

七月二七日、外務省条約局の提案を手にしていた芦田は、小委員会でこう発言している。

「若し条約のことを入れると云うならば第二章に入れる」

つまり、国際条約を守るという趣旨を、第二章の戦争抛棄にも入れようというのである。二七日は土曜日であった。第九条の修正は翌週、月曜日に持ち越されることになる。

七月二九日、会議の冒頭、芦田委員長が朝早く来た委員と相談した結果、「こういう文字にしたらどうかという試案が一つ出ているのですが、それをご協議を願います」と試案を出した。

〈試案〉

日本国民は、正義と秩序とを基調とする国際平和を誠実に希求し、陸空海軍その他の戦力を保持せず、国の交戦権を否認することを声明す。

前掲の目的を達するため、国権の発動たる戦争と、武力による威嚇又は武力の行使は、国際紛争を解決する手段としては、永久にこれを放棄する。

「日本国民は、正義と秩序とを基調とする国際平和を誠実に希求し」が冒頭に加えられた。これは、鈴木をはじめとする社会党の追加修正案と外務省条約局の提案を受けて、芦田なりに条文化したものであろう。ここに憲法第九条は、戦力不保持、交戦権の否認という制限規定にとどまらず、国際平和の希求が掲げられた。これまでGHQ草案の条文には「平和」の文字はなかったが、このとき「平和」の文言が入れられたのである。それは、昭和天皇によって示された「平和国家建設」の理念をより明確に憲法の条文に盛り込む結果となった。そして、「平和主義」とともに「国際協調」というもうひとつの柱を明らかにしたのである(なお、この時「抛棄」は「放棄」になった。芦田は「漢字制限の意見を入れて「放」と云う字にしたらどうかと云う意見が出て居るのです、手扁の難かしい字を止めて」と説明している)。

芦田修正の真相

第九条に国際平和の希求を加えたとき、のちに「芦田修正」として論議を呼ぶきっかけとなる重要な変更も行われていた。一項と二項を入れ替えたのだ。

なぜ芦田は、こうした修正をしたのか……。芦田自身が次のように説明している。

「初めの原文の書き方がおかしい、戦争はもうやりませぬと言っておいて、一番最後に交戦権は行使しませせぬと言っている。交戦権を棄てるから戦争をやらなくなる、それだからむしろ交戦権を否認するということの方が先に行く、それから陸海空軍というものがあるから戦争の手段になるのだが、だから軍備は持たない、交戦権は認めませせぬと言って、しかる後にもう国際紛争の解決手段として戦争はしませせぬ、こういうことが思想的には順序だと思う」

さらに芦田は「保持してはならない」を「保持せず」に改めた。これは、「保持してはならない」では独り言を言っているようで面白くない。「俺は嘘を言ってはならない」よりも「俺は嘘は言わないのだ」の方が自然であるという理由からだ。

そして、このままでは文章が唐突なので、「日本国民は正義と秩序を基調とする国際平和を誠実に希求する」を前に加えると「非常に自然」になる。また、「他国との間の紛争の解決」ももって回ってだらだらしているので、「国際紛争を解決する手段」に改めたという。

ところで、その後大きな問題となる第二項冒頭の「前掲の目的を達するため」という一文だが、なぜ加えたのか、速記録には説明がない。

芦田の修正の趣旨は、第九条に「声明とか宣言するということを入れたい」ということだった。＝誠実に希求し」、「戦力を保持せず」、「交戦権を否認する」こういう風に掲げて、それを高らかに世界に宣言するんだ、こういう意味に読んではどうですか」

鈴木はこの「声明す」に疑問を投げかけた。

「宣言とか声明とか云うことは、法律の「テクニック」として前文にはありますが、条文の中にはないと思うのです、此の用語は考えなければいけません〔……〕「戦力を保持しない」、「国の交戦権を否認する」と言い放せば宜い」

これを受け最終的に「声明す」は削除されることになるが、この日は結論は出ず、北、犬養の両議員の欠席を理由にまたしても持ち越された。


翌七月三〇日は金森国務大臣も出席したので、第九条の試案が紹介された。

「日本国民は、正義と秩序とを基調とする国際平和を誠実に希求し、陸空海軍その他の戦力は、これを保持せず。国の交戦権は、これを否認することを宣言する。

前掲の目的を達する為め、国権の発動たる戦争と、武力による威嚇又は武力の行使は、国際紛争を解決する手段としては、永久にこれを放棄する」

「声明す」が「宣言する」になるなど微妙に言い回しが変わっている。

金森は、第一項と第二項の入れ替えに気づき、原案（改正案）の趣旨を次のように説明した。

「是は非常に「デリケート」な問題でありまして、そう軽々しく言えないことでありますけれども、第一項は「永久にこれを抛棄する」と云う言葉を用いまして可なり強く出て居ります、併し第二項の方は永久と云う言葉を使いませんで、是は私自身の肚勘定だけかも知れませんが、将来国際連合等との関係に於きまして、第二項の戦力保持などと云うことに付きましては色々考うべき点が残って居るのではないか、斯う云う気が致しまして、そこで建前を第一項と第二項にして、非常に永久性のはっきりして居る所を第一項に持って行った、斯う云う考え方になって居ります」

佐藤達夫は、金森の意味するところをこう書いている。

「つまり、その意味は、第二項の方に、「永久に」とないことは、将来国際連合などに加入する場合の改正のことなども考えられるからだ」

改正案では、第一項では戦争を永久に放棄するが、第二項には含みを残してあるデリケートな問題だというのだ。古関彰一が指摘するように、法制局の官僚は、すでに遠回しではあるが、「自衛権放棄とならない解釈が可能な規定を以前から考えていた」のではないだろうか。

金森の発言を受けて、八月一日、第七回小委員会で、第一項と第二項の入れ替えが議論になる。

鈴木も次のように疑問を述べた。

「非常に私は心配するのです、どうも交戦権を先に持って来て、陸海空軍の戦力を保持せずと云うのでは、原案の方が宜いように思うのです、其の点に付て十分御考慮下さったでしょうか」

しかし、芦田はこの時点で、金森の指摘の意味に気づいていなかった可能性が高い。「順序を変えるのは其の人の趣味で〔……〕一番大事なことを一番初めに言う人もあれば、一番大事なことは最後に言う人もある」とまで述べている。芦田は自らの案にこだわったが、議論の大勢は原案通り、第一項と第二項の順序を元に戻す方向になりつつあった。

そのとき、犬養議員が発言する。

「委員長の仰しゃった前掲の目的を達する為めと云うことを入れて、一項、二項の仕組は其の儘にして、〔……〕冒頭に日本国民は正義云々と云う字を入れたらどうかとも思うのですが、それで何か差障りが起りますか」

つまり、第一項と第二項の順序は原案に戻し、「日本国民は」を冒頭にもって来るというのである。これを受けて芦田は発言する。

「前項のと云うのは、実は双方ともに国際平和と云うことを念願して居ると云うことを書きたいけれども、重複するような嫌いがあるから、前項の目的を達する為めと書いたので、詰り両方共に日本国民の平和的希求の念慮から出て居るのだ、斯う云う風に持って行くに過ぎなかった」

この発言は、芦田が、自分の案であろうと犬養の案であろうと、「前項の目的」が「国際平和の誠実な希求」を指していると考えていたことを示している。しかし、この時、些細だが、後に重要な意味を持つ変更がなされていた。

青山学院大学教授の佐々木高雄が指摘するように、それまで「前掲の目的」とされていたのが、突然、「前項の目的」という言葉に替わったのだ。そして、第九条は結局、次のようになる。

第九条　日本国民は、正義と秩序を基調とする国際平和を誠実に希求し、国権の発動たる戦争と、武力による威嚇又は武力の行使は、国際紛争を解決する手段としては、永久にこれを放棄する。
二　前項の目的を達するため、陸海空軍その他の戦力は、これを保持しない。国の交戦権は、これを認めない。

佐々木高雄はつぎのように指摘する。

「芦田小委員会は「前項」への変更をまったく提案しないまま「前掲」を「前項」にすり替えてしまった。その場に居合わせた小委員会たちは、それには気づかなかったのか、それとも「些細なこと」として、「前項」への変更を認識したのか、いずれにしても異議を唱えていない。しかし、われわれは、そうした「すり替え」に止目すべきである」(佐々木高雄『戦争放棄条項の成立経緯』)

この時点では、芦田にとっては「前掲」であろうと、「前項」であろうと、それが指す目的とは「国際平和の誠実な希求」であった。しかし、「前項」と替えたときに、それが指す目的に別の解釈が成り立つことに気づいていた人物がいた。事務方として審議に参加していた、法制局次長の佐藤達夫である。残された証言テープでこう語っている。

「こんな修正をすると、自衛のためには戦力が持てるっていうふうに向こうの司令官が解釈して、こんな修正は許さないってきっと言うかもしれませんねって、芦田さんに言った覚えがある。

「あ、こんなことは大丈夫だよ、大丈夫だよ」「余計なことは心配するな」っていうような顔つきでしたよ」

佐藤はこの芦田への耳打ちをいつ行ったのか――。回想録『日本国憲法誕生記』で「小委員会の修正案が最後の形でまとまるとき」としているので、八月一日の第七回小委員会であったろう。佐藤の耳打ちで、当時、芦田がどこまで気づいたのか、それは謎である。「余計なことは心配するな」という言葉に含みは感じる。

ところで、佐々木髙雄は「前項」という文字も、「芦田氏は、自発的に変更を思い立ったのではなく、佐藤達夫氏から助言を得て「前項」にかえた、と捉える方が、――すり替えなども――軋みがない」と推理している。

佐々木は、佐藤が残した「衆議院帝国憲法改正案小委員会審議メモ」のなかに一つの根拠を見出している。七月二九日の鉛筆書きの審議メモには「前掲の目的を達するため」のかたわらに波線が付され、赤鉛筆で「掲」を「項」に改める旨の指示が書き込まれている。佐々木は「赤い「項」の字のみ、極めて脆弱な基盤に載る」ので、「いずれ近々否定される運命かもしれない」としているが、興味深い指摘である。

いずれにせよ、小委員会では、「芦田修正」によって「前項の目的」が指す条文は、芦田や多くの議員が「国際平和の誠実なる希求」と考えていた。ただし、佐藤達夫ら法制官僚は、「国際紛争を解決する手段」とも読み取れ、それ以外の、つまり自衛のためならば戦力を持てる解釈が成立することに気づいた。

鈴木義男は後年、この修正についてつぎのように証言している。

「これは芦田さんは深慮遠謀があって入れておいたのだ。この言葉を入れるというと、自衛のためには軍隊を持てることになるのだ。こんなことは夢にも仰せられたらわれわれは反対した。ただ、文章がつながらないから入れようじゃないかというお言葉であったのであります」(鈴木前掲書)

結局、犬養議員の提案を受けた修正案は「それで宜しゅうございます」「それなら大賛成です」と八月一日に了承された。

八月二四日、芦田は衆議院本会議で小委員会の結果を報告したが、第九条を自賛している。

「改正憲法の最大の特色は、大胆率直に戦争の放棄を宣言したことであります、是こそ数千万の人命を犠牲とした大戦争を体験して、万人の翹望《きょうぼう》する所であり、世界平和への大道であります、我々は此の理想の旗を掲げて全世界に呼掛けんとするものであります(拍手)」

芦田修正を傍聴していた人物がいた。当時、終戦連絡中央事務局事務官だった島静一である。佐藤達夫がまとめた報告を英訳し、毎日GHQに届ける仕事をしていた。島は二〇一二年に九七歳でなくなったが、二〇〇六年に芦田修正について次のように証言した。

「結局、芦田さんの熱心さに打たれて、反対論はでなかったと思う。芦田さんの努力が実って、修正そのものがよかったというみんなの評価でした」

——解釈上の余地が出てGHQが反対するかも知れないという疑問は、皆さんありましたか?

「なかったです。あのときは、委員会は何とか案をまとめて結論を出すというところで、みんな疲れてたから、芦田さんの努力を評価し、協力するという姿勢のような気がします。芦田さんの努力であそこまで行ったから、認めようではないかという空気になったと思います。憲法改正、修正を早くやりたいと、そして将来の問題は将来考えると言うしかなかったと言っていいんじゃないでしょうか。将来あだになるという意識はなかったと思いますね」

島自身も、その後、解釈をめぐって問題になるとは感じなかったという。

自衛権を認めていたGHQ

では、この修正をGHQはどう受け止めたのだろうか。

結論から先に言えば、報告を受けたGHQは了承した。ケーディスは一九七五年以降、多くの研究者やジャーナリストによるインタビューで、芦田がやってきて説明し、自分が了承したと答えている。例えば、ケーディスは次のように回想している。

「芦田がその修正案を持ち出す前に、私は彼に、それには何ら異存がないといった。芦田は、最高司令官か、せめて民政局長の同意を得るべきかどうかを質問したので、私は、基本原則を侵していないいかなる修正案に対しても反対しないという口頭命令が存在するから、マッカーサーの同意もホイットニーの同意も不要であると答えた」(チャールズ・ケーディス「日本国憲法制定に於けるアメリカの役割」)

もともと、二月にマッカーサー・ノートを修正した際、ケーディスは自衛権まで否定する必要はないと考えていた。

「芦田修正の、どちらかといえばむしろ曖昧な言葉は、日本が、例えば国内防衛隊や沿岸防衛隊といったような、あらゆる侵略を撃退するための十分な軍隊を保有したり、また国連軍に軍事分遣隊を派遣することを許しているようにも思えた」(同前)

こうした考え方はＧＨＱ内で、共通理解となりつつあったようだ。後年、内閣の憲法調査会がラウエルに事情聴取した際も、「芦田修正のあったころは、自衛力の保持を容認する空気であった」と証言している。ＧＨＱとしては自衛権が認められたとしても、問題ないと考えたのだろう。

ところが、当の芦田本人だが、その後、第九条の解釈は変化していく。

一九四六(昭和二一)年一一月三日、日本国憲法公布の日に刊行された著書『新憲法解釈』では次のように記している。

「第九条の規定が戦争と武力行使と武力による威嚇を放棄したことは、国際紛争の解決手段たる場合であって、これを実際の場合に適用すれば、侵略戦争ということになる。従って自衛のための戦争と武力行使はこの条項によって放棄されたのではない。又侵略に対して制裁を加える場合の戦争もこの条文の適用以外である。これ等の場合には戦争そのものが国際法の上から適法と認められているのであって、一九二八年の不戦条約や国際連合憲章に於いても明白にこのことを規定しているのである」

小委員会から数カ月後には、自衛のための戦争は放棄されていないとの解釈をとっている。法制局長官だった入江俊郎は次のように書いている。

「法文が現在のようにきまってしまった直後において、芦田氏はここに一つのヒントを得て〔……〕積極的に自衛のためならば軍隊を持てると主張するようになったのではないかと想像されます」(入江俊郎『憲法成立の経緯と憲法上の諸問題』)

古関彰一や西修など多くの研究者が、小委員会の終了時からこの著書の原稿執筆の間に、芦田が考え方を変えていったと推理している。

さらに朝鮮戦争が始まり、警察予備隊が新設された翌年の一九五一(昭和二六)年一月一四日、毎日新聞では次のように述べている。

「前項の目的とは何をいうか。この場合には国策遂行の具としての戦争、または国際的紛争解決の手段としての戦争を行うとの目的を指すものである。自衛のための武力行使を禁じたものとは解釈することが出来ない」

さらに自衛隊が発足して三年後。一九五七(昭和三二)年一二月五日、憲法調査会では、芦田修正は当初からある意図を持っていたと明言するにいたる。

「前項の目的を達するため」との修正が「誠に明瞭を欠くものでありますが、しかし私は一つの含蓄をもってこの修正を提案いたしたのであります」。

「「前項の目的を達するため」という辞句を挿入することによって原案では無条件に戦力を保持しないとあったものが一定の条件の下に武力を持たないということになります。日本は無条件に武力を捨てるのではないということは明白であります」

冷戦の激化、再軍備という時代の流れのなかで、芦田の発言は「自衛戦力保持の可能性」を示唆するものとして、重要視されていく。

しかし、ここで留意しなければならないのは、芦田修正とは、日本国民が平和主義を積極的に選びとるという点を明確にしようとした提案から始まったということである。小委員会の速記録はこうした事実を伝えている。

中国国民政府は反発する

再び時計の針を一九四六(昭和二一)年に戻そう。

憲法第九条の芦田修正は、GHQには了承されたものの、極東委員会では大きな波紋を広げていく。最初に問題にしたのは、中国国民政府であった。

九月一九日、憲法および法律改革を担当する第三委員会で、「憲法九条が日本国による陸海空軍その他の戦力の保持を可能とするよう修正された」として「日本国の軍備撤廃」を担当する第七委員会に、この問題に注意を向けるよう決議する。

二日後の九月二一日。極東委員会第二七回会議で、中国代表の譚紹華がつぎのように提起した。

「中国代表は第九条が衆議院によって修正されたことに注目しています。この修正によって第一項で定められた目的以外のためであれば、日本は陸・海・空軍を保持できる解釈が可能になります。ご存知のように、この条項によって日本は国際紛争解決の手段として、戦争をおこない、軍隊を用いて威嚇する特権を放棄しています。しかし、修正された現行の第九条によって、日本は同条第一項に列記されている目的以外で、軍隊を保持するかもしれません。もちろん、どんな政府も警察力を持つ必要があります。しかし、普通、警察隊を軍隊とは呼びません。つまり、そこが危険なのです。もし日本がここに列記されている目的以外で武力を保持することが許されれば、例えば自衛という名目で軍隊を持つ可能性も出てくるのです。自衛とは法的な言葉で、国際法に基づいた法的意味があります。しかし、過去に、この自衛という言葉は何度となく悪用されてきました。〔……〕中国代表としては修正の意図を議論したい。いったい目的は何なのでしょう。なぜ衆議院は修正したのでしょうか」

譚紹華はアメリカのマッコイ議長に、マッカーサーに第九条修正の意味につき、情報を提供するように求めた。マッコイは「新たな、興味ある指摘である」と受け止めた。

この会議に出席していた中国国民政府の楊覚勇によれば、このとき、脳裏にあったのは自衛の名の下に始められた満州事変の記憶だった。

「満州事変や日中戦争でも、いろいろなこじつけがあったわけ。自衛論でもって侵略するものはたくさんいるんですよ。自衛というのは、吉田首相も言っているように、それを理由にして侵略する場合だって多いわけ。結局またそうなるかもしれないから、そういう勝手に解釈できるようなことは、止めたほうがいいという結論になるのは、当たり前ですよ。

結局、あの時の僕の意見は、自衛の名でね、戦争を起こしたりする。だからそのけじめをはっきりさせたい。

これは再び軍人が力を持って、自分の意思を通すようなことはないように日本のためにも考えた。それに成功しないかぎり、まだ問題が残るのです。日本人のためにならない、それを主張しているわけです」

楊はこれより前、中国国民政府外交部で、東京裁判に提出する証拠の収集にも当たっていた。満州事変以来、自衛を名目に大陸への進出をはかった日本。中国は太平洋戦争最大の被害国だった。その被害を証拠書類としてまとめていく作業のなかで、こうした思いは強まったという。

同じ九月二一日の極東委員会では、ソ連が修正案を提出した。

ソ連は憲法改正案がポツダム宣言と、七月にまとめた「新しい日本国憲法のための基本原則」と合致しているかどうかを研究した結果、いくつかの修正が必要であるとしていた。その一つに文民条項があった。基本原則では、「内閣総理大臣および国務大臣は〔……〕そのすべてが文民でなければならず」とあったのに、改正案には欠けていた。ソ連はこれを問題にしたのである。

第三委員会の委員長はカナダ代表のコリンズだった。コリンズは中国の提案を受けて次のように答えた。

「日本案には落とし穴があり、きわめて曖昧であります。ですから第三委員会の意見で憲法にこの〔文民〕条項が挿入されることが望ましいと思います」

マッコイ議長「ソ連提案のようにですか」

コリンズ「はい。ソ連案は極東委員会の政策と完全に合致するものです」

この後、堰を切ったように各国が意見を出し合った。西修が発掘した会議録から、主な意見を紹介しよう。

ボートン(アメリカ代表)「アメリカ政府は、態度を留保することにしました。その理由を簡単にご説明しましょう。〔……〕中国代表が言うように、第九条第二項の解釈によって、たとえ国内秩序を維持する為に限定的な軍事力を保有したり、軍人が大臣になったりしても、私たちの目の前にある憲法草案は、はっきりと内閣の責任を規定し、明確に全閣僚が内閣総理大臣と国会に対して責任を負っていると定めています。アメリカ政府は、全閣僚がシビリアン〔文民〕でなければならないという文言を挿入する理由がわかりません。しかし、第九条の解釈にはいくつか問題があり、私だけでなく、私がワシントンで話をしてきた人たちは、皆、第九条の文言を修正した理由を、中国代表と同じように、知りませんでした。アメリカ政府が連合国最高司令官に、日本が再軍備できるようになると第九条を解釈することが可能なのか、そして、なぜ修正されたのかを聞くのがよいと思います」

アメリカは文民条項の挿入には消極的だったが、マッカーサーへの問い合わせには賛同した。

サンソム(イギリス代表)「これはあいまいな文章の非常に悪い例です。何が原因なのかわかりませんが、本当はどういう意味なのかを聞く権利が私たちにはあります。中国代表が提案したように、文章をあいまいにする修正が、なぜ、なされたのかを知る必要があります。〔……〕本当はどういう意味なのかは確かめようがありません。武力を持つことは禁止され、交戦権を放棄するとも受け取れるし、もっと狭い意味にも解釈できます。わかりません。非常に悪い起草であり、非常に下手な翻訳です」

プリムソル(オーストラリア代表)「私は日本国憲法に第九条そのものを入れることを強く求めませんでした。なぜなら、戦争放棄を定めた条項を、日本国民は将来、真剣に考えなくなるだろうと思っていたからです。占領軍が撤退すればすぐにでも、いや、ひょっとするとそれ以前に、日本国民は憲法を改正し、軍隊の保有を可能にすると考えたからです。そうなれば、陸軍大臣と海軍大臣のポストを設け日本の伝統として、陸軍や海軍の将官を据えるでしょう」

プリムソルは、マッカーサーに、すべての閣僚はシビリアンであると定める憲法改正を歓迎することを伝えるべきであると主張した。

ここで、もともと文民条項の導入を提起していたソ連のラミシヴィル代表が発言する。

「議長、日本政府あるいは一部の帝国主義的思想の持ち主が日本軍を復活させる可能性については、一番の危険は日本政府や帝国主義者が連合軍や連合国最高司令官をだませるかということではないと思います。国連や連合国軍は慎重に見張っているでしょうから。問題は、この第九条によって、日本国民を欺く余地を与えてしまうということです。つまり、ある種の軍隊を創設しながら、これは完全に日本国憲法で合法的なのだと称して日本国民を欺くかもしれない、ということです。これは大きな脅威です。極東委員会および第三委員会の多くのメンバーがこの点に疑問を持っている以上、どうして憲法に、国会議員はシビリアンでなければならないという文言を条項に付け加えないのか、私にはまったくその理由がわかりません。第九条の誤った解釈や誤解を無くすために文言を付け加えることが害になるとは思えません」

疑問点が多くの代表から提示され、さらに、オランダ、ニュージーランドの代表もマッカーサーに問い合わせるという案に賛成した。

日本との戦争で大きな被害を出した中国、オーストラリアは、何よりも日本の再軍備をおそれていた。

「自衛という名目で軍隊を持つ」、「ある種の軍隊を創設しながら、これは完全に日本国憲法で合法的なのだと称して日本国民を欺く」といった言葉は、後の日本の姿を予言しているかのようである。この日、アジア・太平洋諸国が日本の未来について熱い議論を戦わせた。日本国憲法がいかに連合国から注視されていたのか、議論から浮かび上がってくる。

シビリアンコントロールを

極東委員会のアメリカ代表だったレオナルド・ミーカーによれば、文民条項の導入はソ連、オーストラリアが強硬に主張していたが、アメリカ本国も、閣僚には民間人を起用すべきだと考えていたという。ミーカーは次のように証言する。

「私の印象では、かつて日本において陸軍将校が巨大な権限をもち、それは、一九四一年に日本が太平洋戦争に突入した主な原因になったと思います。そうした状況が再発することを阻止する意味もあったのではないでしょうか。陸軍将校が政府の重要な地位に位置づけられることが繰り返されてはならなかったのです」

ミーカーが指摘するとおり、戦前の日本には軍部大臣現役武官制があった。これは現役の大将・中将以外は陸・海軍大臣になれない制度である。これによって、軍は気に入らない内閣の組閣を阻むことができた。この点は民政局のラウエルも、一九四五年一二月六日にまとめた「日本の憲法についての準備的研究と提案のレポート」で指摘している。

「陸海軍大臣は、現役の大将または中将でなければならないという要件があり、これによって陸軍省海軍省は、内閣の構成をコントロールし、一国の政策を決定したのである」

軍部の政治への介入を許した戦前の日本。これを変えなければならないという考え方は、アメリカも含めた連合国の共通理解でもあった。

こうして、極東委員会での議論の翌日、九月二二日、アメリカのピーターセン陸軍次官補からマッカーサー宛に至急電が送られた。

「もし、いまの段階でシビリアン条項を憲法のなかにいれなければ、〔極東委員会は〕再検討期間に必ずこの条項を持ち出してくるだろう。現在の貴族院の審議段階でこの条項を挿入することにさしたる困難をともなわないとすれば、シビリアン条項の追加を真剣に考えられたい」

すでに八月二四日、衆議院本会議で小委員会の修正案は賛成四二一、反対八と圧倒的多数で可決され、審議の舞台は貴族院に移っていた。しかし、マッカーサーは直ちに動いた。

翌九月二三日午前、ホイットニーとケーディスを吉田首相のもとに派遣し、口頭で伝えた。吉田は貴族院の帝国憲法改正案特別委員小委員会で次のように説明している。

「GHQとして必ずしも賛成でないが、英「ソ」がFEC〔極東委員会〕に提案し、そこから来たものだから「マ」元帥としては御気の毒だが呑んでくれないかと云うことである。故意にcivilian(シビリアン)を避ける意図ありとして「ソ」、英から誤解されることがあっても面白くないから、受容れて呉れないか。と云うことだった」

これに対し、吉田は答えた。

「何か文書にしたものをもらいたい」

この経緯は入江法制局長が記録している。入江は、二三日に吉田首相から外相官邸に至急来てもらいたいとの電話を受ける。部屋には吉田と白洲が待っており、マッカーサーから次の内容の手紙を見せられたという。

「六六条に Prime Minister and other Ministers of State shall be civilians の文言を加えること」

九月二五日、入江が金森国務大臣に相談すると、金森は言った。

「あまり賛成したくないが、実質は悪いことでなく、且つ吉田総理は司令部の方へも内諾を与えているような節もあるようだ」「これはマッカーサーの言い分を入れてやったらどうか」

入江は「civilian」の翻訳に窮し、「武官の職歴を有しない者」として、貴族院の小委員会に参考として提出した。

一方、アメリカ本国も、態度を保留している連合国の説得に動いた。

二五日の昼過ぎ、極東委員会のマッコイ議長がワシントンの中国大使館を訪れ、駐米大使の顧維鈞《こいきん》に相談を持ちかけた。

「今日、日本の改正案について疑問点を解決するための会議があります。ついてはその会議で、中国としての立場をはっきりさせてほしい」

マッコイに迫られた顧維鈞は、アメリカの要求を受け入れる決断を下した。

中国国民政府はなぜアメリカの要請を受け入れたのか。楊覚勇は次のように説明する。

「ちょうど国内戦争、内戦があって、しかもアメリカは一方に偏り、ソ連は向こうに偏り、最大の同盟国、頼りになれる国はアメリカだ。今はアメリカに頼ったほうがいい。中国と日本の関係がどうなるかよりも、アメリカがそう主張したら、妥協したほうがいいだろう」

当時中国では、国民党と共産党の内戦が激化していた。中国国民政府はアメリカの支援を必要としていたのである。

顧維鈞は後年、コロンビア大学にオーラルヒストリーを残している。この記録を研究した東京大学教授の川島真によれば、顧維鈞は冷戦の激化のなかで、日本が再軍備化する危険性をすでに認識していたという。

なぜ、アメリカの説得を受け入れたのか、顧維鈞は次のように回想している。

「協議中に日本が大国に利用されるのではないかという全体的な不安がありました。多くの代表の心に依然として根強い不安感があったのです。そこで、日本が極東の侵略政権として再び利用されることのないようにするための条項が盛り込まれました。目的は全て、日本が将来的に軍事的脅威、すなわち軍事国家として復活することを防ぐことにあります。

第二次世界大戦直後の日本は、敗戦国にもかかわらず、軍装備、軍事力の観点からは依然として極東における相当な勢力であると考えられていたからです。

極東委員会にソ連が加わっていたことも不安の要因としてあげられます。私が着手し始めた当初は、彼らは大分協力的だったのですが、冷戦が展開するにつれ、次第に妨害的になってゆきました。それが、極東委員会の会議の進捗を遅らせていました。これは冷戦の展開と共に浮上した新たな問題でした」

九月二五日、第二八回極東委員会が開かれた。冒頭、マッカーサーから陸軍省に送られた電信が紹介された。

「私は、日本国政府に対し、憲法のなかに次の修正を受けいれるように説得した。「内閣総理大臣その他の国務大臣は、シビリアンでなければならない」」

これを受け、オーストラリアなど多くの国々が大いに満足の意を表した。ソ連だけが、「日本国政府に対し、説得した」というが、本当に議会の通過を保証できるのかと疑問を投げかけた。

中国の顧維鈞は次のように述べた。

「日本国は、過去において何度も近隣諸国に対して攻撃するために軍隊を使用してきたが、同時にみずからが戦争をおこなっていることを否定してきた。〔……〕戦争類似行為または侵略行為のために、軍隊を誤用するような危険を見過ごすことのないようにすることが明白に理解されるべきである。〔……〕中国国民政府は、内閣総理大臣その他の国務大臣がシビリアンでなければならないという規定が、憲法改正案のなかに入れられることを保証した最高司令官のメッセージを受けとったことに満足の意を表する」(西修『日本国憲法成立過程の研究』)

かくして、日本国憲法第六六条二項にシビリアンコントロール、文民条項が追加された。

第六十六条　二　内閣総理大臣その他の国務大臣は、文民でなければならない。

この文民条項は極東委員会とＧＨＱが日本の未来をめぐって激しく動いた末に生まれた。そして、その背後には、芦田修正によって日本が再軍備化することをおそれた中国国民政府、ソ連、オーストラリアなどの提案があった。彼らの発言は驚くほどその後の日本の歩みを見通していた。

かくして、日本国憲法は、アジア・太平洋諸国の注視するなかでその産声を上げるのである。

第10章　平和国家への道

日本国憲法公布

一九四六(昭和二一)年一一月三日、日曜日。貴族院本会議場で日本国憲法が公布された。午前一一時、議員約一〇〇〇名、皇族、閣僚、GHQ関係者が見守るなか、昭和天皇は玉座の前に起立して、勅語を読み上げた。

「本日、日本国憲法を公布せしめた。

この憲法は、帝国憲法を全面的に改正したものであつて、国家再建の基礎を人類普遍の原理に求め、自由に表明された国民の総意によつて確定されたのである。即ち、日本国民は、みづから進んで戦争を放棄し、全世界に、正義と秩序とを基調とする永遠の平和が実現することを念願し、常に基本的人権を尊重し、民主主義に基いて国政を運営することを、ここに、明らかに定めたのである。

朕は、国民と共に、全力をあげ、相携へて、この憲法を正しく運用し、節度と責任を重んじ、自由と平和とを愛する文化国家を建設するやうに努めたいと思ふ」

昭和天皇の声はNHKのラジオで全国中継された。勅語に対して吉田茂首相は、奉答文を朗読した。

「まことにこの憲法は民主主義に基いて国家を再建しようとする日本国民の総意によって確定されたものであります。そして、全世界に率先し、戦争を放棄することをその条項に明らかにしたことにつきまして、私どもは、かぎりない誇りと責務とを感ずるものでございます」

秋晴れの下、午後二時から、宮城前広場では「日本国憲法公布記念祝賀都民大会」が開催され、都民・学生ら約一〇万人が参加した。汗を拭きながら待つ群衆。カメラを構えるアメリカ兵……。天皇・皇后が宮廷用馬車に乗って会場に姿を現すと、興奮はいやが上にも高まった。「君が代」が演奏され、午後二時三四分、天皇・皇后が正面台に立った時、人々が式台に殺到し、揺らぐほどであった。吉田首相の発声で万歳を三唱すると、モーニング姿の天皇は帽子を取って、手を挙げた。天皇が演壇を降りると、群衆は波をうって二重橋へと流れていった。

式典に参加した芦田厚相は日記に記している。

「今日は生まれてから始めての最も感激した日だ」

この日、自由党は「皇位はますく御安泰となった」「民主政治の本流に到達した」として、進歩党は「平和愛好国たるの本質を明示した」として、そして社会党は戦争を放棄し、国際平和を樹立しようとしているとして、新憲法を歓迎した。日本共産党は式典に出席せず、次のように独自の姿勢を示した。

「わが党は今後とも人民の権利と民主主義の徹底を保証する人民共和国憲法のために、勤労人民とともに奮闘する」

マッカーサーは祝辞を述べた。

「新日本建設の確固たる礎石となるものである。あらゆる人間の努力の成果と同じく新憲法もまた多少の欠点を免れないが、大局から見れば、終戦以来われわれのたどったあとがいかに遠く、かつ遥かなるものであったかを如実に示している。新憲法は、世界平和と善意と平静への偉大な一歩前進である」

昭和天皇とマッカーサー

憲法公布の半月前、一〇月一六日午前一〇時一五分。昭和天皇はアメリカ大使館にマッカーサーを訪ね、二時間にわたって会見している。第三回の天皇・マッカーサー会見である。『昭和天皇実録』は、憲法改正に関する天皇の感謝を次のように記している。

「この度成立する憲法により、民主的新日本建設の基礎が確立された旨の御認識を示され、憲法改正に際しての最高司令官の指導に感謝の意を示される。そして戦争放棄の大理想を掲げるこの憲法に、日本はどこまでも忠実でありたい旨を述べられる」

この会見の記録が国会図書館の幣原平和文庫に残されている。寺崎英成が記した「「マッカーサー」元帥との御会見録」である。それによれば、天皇がアメリカの食糧援助について感謝したのちに、憲法が話題となった。

「陛下　今回憲法が成立し民主的新日本建設の基礎が確立せられた事は、喜びに堪えない所であります。この憲法成立に際し貴将軍に於て一方ならぬ御指導を与えられた事に感謝いたします。

元帥　陛下の御陰にて憲法は出来上がったのであります(微笑し乍ら)陛下なくんば憲法も無かったであリましょう。

陛下　戦争抛棄の大理想を掲げた新憲法に日本は何処迄も忠実でありましょう。世界の国際情勢を注視しますと、この理想よりは未だ遠い様であります。その国際的情勢の下に戦争抛棄を決意実行する日本が危険にさらさせる《ママ》事のない様な世界の到来を、一日も早く見られる様に念願せずには居れません。

元帥　最も驚く可きことは世界の人々が、戦争は世界を破滅に導くという事を、充分認識して居らぬことであります。戦争は最早不可能であります。戦争を無くするには、戦争を放棄する以外には方法はありませぬ。それを日本が実行されました」

このあと、天皇が「希望に水を掛けるものは「ストライキ」であります」と述べると、マッカーサーは共産主義者には「監視を怠らない」として、「大して心配には及ばない」とした。天皇はさらに地方巡幸について尋ねた。

「憲法成立迄特に差控えて居ったのでありますが、当分差控えた方がいいという者もあります。貴将軍はどう御考えになりますか」

マッカーサーは答えた。

「機会ある毎に御出掛けになった方が良敷《ママ》しいと存じます。回数は多い程良いと思います」「司令部に関する限り、陛下は何事をも為し得る自由を持って居らるるのであります。何事でも私に御用命願います(Please command me)」

寺崎は、マッカーサーが終始「打ち解けたる態度」であり、「戦敗国の元首と戦勝国の将軍との会談とは察し難き状況なり」と附記している。天皇はマッカーサーによるＧＨＱ草案の作成に深い感謝を示し、マッカーサーもまた天皇の協力に賛辞を惜しまなかった。

こうした関係を象徴する写真が、アメリカ・バージニア州ノーフォークのマッカーサー記念館に残されている。モーニングに身を包み憲法改正案に署名する天皇の写真。毛筆で「裕仁」と書かれている。この写真は、一〇月二九日、昭和天皇が帝国憲法の改正を裁可した際に撮影され、天皇が署名の上、吉田茂や幣原喜重郎、芦田均ら憲法改正の功労者に授けられた。そのうちの一枚がマッカーサーに贈られたのである。

昭和天皇署名入りの写真
（マッカーサー記念館蔵）

一九四七(昭和二二)年五月三日、日本国憲法が施行された。天皇は風雨のなかを宮城前広場に行幸し、壇上に立って万歳三唱を受けた。

昭和天皇の御製。

うれしくも国の掟のさだまりてあけゆく空のごとくもあるかな

それから三日後の五月六日、第四回の天皇・マッカーサー会見が行われた。『昭和天皇実録』は次のように記している。

「奥村〔勝蔵〕の通訳により一時間にわたり御会見になる。〔……〕翌日米国において、マッカーサーが天皇に対し、米国が日本の防衛を保障することを約束した旨の報道がなされ、これに対しマッカーサーは否定の声明を発表した。この報道に関連して、当日通訳を務めた奥村が会見内容を漏洩したとの理由で、その後外務省より罷免される」

実録は、会談の詳細には触れず、その内容を漏洩したことで通訳の奥村勝蔵が懲戒免職されたことを記している。会見の翌日、七日付のAP通信が、「マッカーサー元帥は天皇裕仁に対し、米国は日本の防衛を引き受けるであろうことを保証した」「マッカーサー元帥は昨日の一時間余りの天皇との会見で〔日本〕防衛への広範な保証を与えた」と報じた。これがマッカーサーの逆鱗に触れ、通訳の奥村が情報を漏らしたとして免職となったのだ。

この会見で昭和天皇は何を話したのか――。

「松井文書」にその記述がある。これは、一九四九年の第八回天皇・マッカーサー会見からリッジウェイの離日会見まで通訳を務めた、外務省政務局第五課長の松井明がまとめた「天皇の通訳」と題する手記である。そこには実録が取りあげなかった天皇の発言が記録されている。原本は非公開だが、作家の児島襄が一九七八年に『日本占領(3)』で途中までを明らかにし、二〇〇二年八月五日、朝日新聞が全貌を報じた。これを受け、豊下楢彦が詳細に分析している(豊下楢彦『昭和天皇・マッカーサー会見』)。

それによれば、天皇が新憲法施行は「元帥の御援助に依る所として深く感謝して居ります」と述べると、マッカーサーは、「陛下の御意志に負う所」とし、日本に健全な民主主義が発展することを確信していると答えた。

続いて昭和天皇は、前回の会見でもふれた安全保障に言及する。

「日本が完全に軍備を撤廃する以上、その安全保障は国連に期待せねばなりませぬ〔……〕国連が極東委員会の如きものであることは困ると思います」

すでに米ソ冷戦は厳しさを増し、中国大陸では共産勢力が拡大していた。国連が米ソ対決の場となり機能しないのではないかと天皇は懸念を示した。

マッカーサーは滔々と自説を述べた。その要旨は――。

「日本が完全に軍備を持たないこと自身が日本の為には最大の安全保障であって、これこそ日本の生きる唯一の道である」「将来の見込みとしては国連は益々強固になって行くものと思う」

天皇はマッカーサーにこう述べている。

「日本の安全保障を図る為にはアングロサクソンの代表者である米国がそのイニシアティブをとることを要するのでありまして、その為元帥の御支援を期待しております」

マッカーサーは答えた。

「米国の根本概念は日本の安全保障を図る事である。この点については十分御安心ありたい」「日本としては如何なる軍備を持ってもそれでは安全保障を図ることは出来ないのである。日本を守る最も良い武器は心理的なものであって、それは即ち平和に対する世界の輿論である。自分はこの為に日本がなるべく速やかに国際連合の一員となることを望んでいる。日本が国際連合において平和の声をあげ世界の平和に対する心を導いて行くべきである」(同前)

マッカーサーはアメリカが日本の安全保障を図ると述べているが、その主旨は、日本が国連の一員として世界平和に貢献することだった。しかし、翌日の報道は、その前半部分、アメリカが日本を守るということしか伝えていなかったのだ。なぜ、このような情報操作がおきたのか。豊下楢彦が詳細な分析を行っているが、これは「意図的だった」可能性が高い。松井は、奥村の部下で報道課長だった法眼晋作《ほうげんしんさく》の「意図的に話されたのだろう」という解釈を記している。

「当時の日本で一番大事なことは安全保障の問題で、マ元帥が陛下との会見で「アメリカは日本を守ることをカリフォルニアを守る如く」と言ったことを新聞の紙面ではなく口コミで日本人に知らせたいと考え決心したのではないか」(同前)

ところで、第四回会見で問題なのは、新憲法で「象徴天皇」となった昭和天皇が日本の安全保障という高度に政治的な問題について意見を述べていることである。昭和天皇はこの会見から四カ月後に、いわゆる「沖縄メッセージ」をGHQ外交局長のウィリアム・ジョセフ・シーボルトに伝えている。昭和天皇は内外の情勢への関心が高く、芦田首相や吉田首相に内奏を求めた。マッカーサーらアメリカ側にも自らの意思を表明していった。

東京大学名誉教授の御厨貴《みくりやたかし》は昭和天皇の発言と行動をこう読み解く。

「昭和天皇は「内奏を求めるのが新憲法の下では問題になる行為である」と思っていない。天皇としては当たり前。「この国の安全保障は誰が保証するのだ？　最終的に〝象徴〟であろうが何だろうが、それは自分が知っておくべきだ」と考えていたと思う」(「NHKスペシャル」取材班『日本人と象徴天皇』)

豊下楢彦は、冷戦が激化し共産勢力が拡大するなか、昭和天皇にとって「「皇統」を守り抜くこと、天皇制を防衛することが至上課題であった」としている(豊下楢彦『昭和天皇の戦後日本』)。その意味で昭和天皇は徹底したリアリストであったが、その言動は象徴天皇の枠組みをこえていた。

日本国憲法に規定された象徴天皇と「平和国家」。それは平成に入って、後継者たる天皇陛下が身を以て示していく。天皇陛下は即位後朝見の儀に臨み、こう宣言している。

「皆さんとともに日本国憲法を守り、これに従って責務を果たすことを誓い、国運の一層の進展と世界の平和、人類福祉の増進を切に希望してやみません」

その原点には、一九四六年の書き初めにしたためた昭和天皇の勅語「平和国家建設」があった。

憲法再検討をめぐって

さて、憲法公布後、GHQは、新憲法を日本国民に浸透させることに力を注いでいく。

その指導の下、一九四六(昭和二一)年一二月、帝国議会に憲法普及会が結成された。会長は芦田均。国会議員や憲法学者、ジャーナリストからなる半官半民の組織で、宮沢俊義や憲法研究会の鈴木安蔵も加わっていた。各都道府県に支部が作られて各地で講演会が開かれ、憲法の国民への普及を進めていく。小冊子「新しい憲法、明るい生活」は二〇〇〇万部も印刷され、一八〇〇万部が配られた。

芦田均は「新しい日本のために」という巻頭言でこう述べている。

「わが国が生まれかわってよい国となるには、ぜひとも新憲法がわれわれの血となり、肉となるように、その精神を生かしていかなければならない。実行がともなわない憲法は死んだ文章にすぎないのである」

これに対し、マッカーサーの独走を牽制してきた極東委員会は、「新しい日本国憲法の再審査のための規定」という最終文書をまとめた。新憲法施行後、一年以降二年以内に国会で再審査することを求めたのである。また、憲法が日本国民の自由な意思に基づいているか確認するために、国民投票などの手段もとることを要求できるとしていた。この文書は一九四七(昭和二二)年三月、公表された。

こうしたなか、国民の手による憲法改正を主張したのが、社会党の森戸辰男である。森戸は片山内閣、芦田内閣の文相となるが、一九四七年九月に雑誌『中央討論』で次のように主張している。

「新憲法が民主主義の徹底、わけても経済的人権規定においていまだ不十分であることを国民に訴え、適当な時期を捉えて之が改正をはかるべきである」

極東委員会の最終文書を受けて、「憲法改正の要否を検討」したのが、鈴木義男だった。一九四八(昭和二三)年六月、芦田内閣の法務総裁となった鈴木は、衆議院議長の松岡駒吉らに検討を申し入れている。鈴木は回想している。

「法制局でも、改正すべき点、どうしてもこの点は直しておかねば困るという点があったら、一つ調査して出すようにといって命じましたが、そういうものは当時見当らなかった。それはこまかい技術的な点で直した方がいいという点はありましたけれども、憲法改正をしてまでも直しておかねばならぬというのは、その当時どちらにもなかった。ゆえにこの憲法で満足でありますという答えをしておる」(鈴木義男『私の記憶に存する憲法改正の際の修正点』)

この時「憲法改正研究会」が作られることになったが、世論の多くは改正に消極的だった。昭電疑獄で芦田内閣が倒れると、この動きは立ち消えとなった。

一九四九(昭和二四)年一月、極東委員会は「新しい日本国憲法の再審査のための規定」について、マッカーサーのコメントを求めた。マッカーサーは次のように回答した。

「憲法の再審査を日本国民に強制するためのいかなる行動も、連合国によってとられるべきではない」

これに対し極東委員会は、憲法のもとにおける外国人の地位などいくつかの疑問点をマッカーサーに送った。しかし、それ以上の措置を講ずることはなかった。

ここに、極東委員会とGHQの攻防は事実上、終止符を打ったのである。

結局、既成事実を積み重ねていくマッカーサーの戦略が、日本の憲法改正をリードしていった。しかし、極東委員会の提言によって、国民主権がはっきりとうたわれ、文民条項が挿入されるなど重要な修正が行われた。極東委員会は、なによりも民主的な手続きを経て、国民の意思を反映させた憲法を作るべきだと主張した。この提案が、マッカーサーへの圧力となり、帝国議会での日本人による審議に時間をかけることにつながったと言えよう。

一九四九年四月二〇日、吉田首相は衆議院外務委員会で次のように発言する。

「政府においては、憲法改正の意思は目下のところは持っておりません」

憲法の見直しは日本政府として取り組まない意向を明らかにしたのである。

鈴木義男と新憲法

鈴木義男は、憲法公布の翌月、一九四六(昭和二一)年一二月に『新憲法読本』を著している。そのなかで特に「平和主義の憲法」という章をもうけ、日本国憲法の特徴として「平和主義、国際協調主義を根本としているということ」をあげている。平和主義だけでなく、国際協調主義を指摘しているところに鈴木の独自性がある。

「今度われわれは国を建て直すことになったのであって、そのために世界を見なおすこと、戦争に対する考方《ママ》を根本的に変えることを明にしたわけである。そのために平和宣言を行ったのである。これは世界の憲法史上画期的なものである。それだけその文化的意義が深いのである。

この平和宣言は第二章第九条に明にして居るのであるが、それは前文とあわせて始めて重要な意義を理解することができるのである」

鈴木は憲法九条とともに、前文の第二段落を引用している。

「日本国民は、恒久の平和を念願し、人間相互の関係を支配する崇高な理想を深く自覚するのであつて、平和を愛する諸国民の公正と信義に信頼して、われらの安全と生存を保持しようと決意した。われらは、平和を維持し、専制と隷従、圧迫と偏狭を地上から永遠に除去しようと努めてゐる国際社会において、名誉ある地位を占めたいと思ふ。われらは、全世界の国民が、ひとしく恐怖と欠乏から免かれ、平和のうちに生存する権利を有することを確認する」

鈴木は、この後段に示された「平和的生存権」に着目している。

「世界各国の共通に求めて居る人類の理想を認識し、これに協調し、各国の平和的生存権の存在を信じ、われわれの安全を平和愛好国の信義に委ねるというのである」

平和的生存権は、一九六二年、憲法学者の星野安三郎によって唱えられる。長沼ナイキ基地訴訟の一審判決で示されたものの、二審では否定され、法的規範力があるかどうか議論が分かれてきた。二〇〇八年、自衛隊イラク派遣差し止め訴訟の名古屋高裁判決ではじめて確定。戦後史の裁判闘争のなかで法的に認められた。

その「平和的生存権」を新憲法公布の直後に、鈴木が早くも唱えていたことは注目に値する。清水まり子は、鈴木が主張した「人格的生存権と平和的生存権と呼ばれるものは、同一のものの表裏をなす概念である」としている。鈴木の生存権の主張は、戦後史においていまいちど見つめ直す必要がある（清水まり子「制憲議会における鈴木義男」）。

では、その平和的生存権を憲法九条のもとでどのようにして守るのか——。

鈴木は自衛権を肯定している。

「自衛権もないのかとよくきかれるが、自衛権というのは国際法上各国がもって居ると思われて居る権利であって、日本も国際社会の一員たる以上、独立国として認められる限りは自衛権はあるといわなければならぬ。又将来幸にして国際連合等に加入を許される場合には国際連合憲章の規定に基いて加盟国の自衛権を認められるのである」

衆議院の質疑でも主張していたが、鈴木は「永世局外中立」を時代錯誤、「いわばかたつむりの殻の中に入って守るような消極的平和維持策」と批判している。鈴木は議会で「積極的平和機構への参加政策」を主張していたが、「国家連合が編成する国際警察軍」によって侵略戦争を防止するとしている。

「今日の世界は団結の力をもって戦争を弾圧し、平和を保障しようとして居るのである」

鈴木の孫、油井大三郎はこう読み解く。

「国際連合を中心とした新しい国際機構を通じて紛争を解決していくという、新しい安全保障の考え方に戦後の日本のあり方を求めていたと思う。よく言われる一国平和主義という考え方が護憲勢力には結構あると思うけれども、そもそもの原点は国際連合を中心とした世界平和のなかで日本が戦争放棄するということがある種セットになっていると思うんです。ですから日本が戦争に巻き込まれなければいいというのではなくて、日本自身が積極的に世界平和に貢献していく、そういう考え方が今後にも活かされなければいけないと思います」

福島県白河市。古くは白河の関で知られ、戊辰戦争では白河城をめぐって激戦が繰り広げられた。鈴木義男の故郷に、甥の義久(七九歳)を訪ねた。

義久をはじめ鈴木ゆかりの人々は、皆親しみを込めて「ギダン(義男)さん」とよぶ。衆議院議員を七期務めた鈴木。仙台の二高時代、弁論部で活躍したギダンさんの選挙演説は多くの聴衆を魅了した。

「ユーモアを交えてとても分かりやすい話でした。皆が等しく教育を受け暮らせる社会を説いていました」

そんな鈴木が敗戦直後にめざしたのは「北欧のスウェーデンのような」社会福祉国家だったという。

鈴木の生家からほど近い聯芳寺《れんぽうじ》。春には樹齢三〇〇年という紅しだれ桜が咲く境内に、「民主社会主義発祥之地　鈴木義男顕彰碑」がある。鈴木はもともと右派社会党に属していたが、一九六〇年、西尾末広、片山哲らと民主社会党、のちの民社党の結党にかかわった。専修大学学長や、東北学院理事長も務めたが、一九六三年、衆議院議員の任期中に六九歳で亡くなった。

戦後日本の国是「平和国家」

昭和天皇が勅語に掲げ、新憲法制定の議会で目標に掲げられた「平和国家」。その後、戦後日本の国是となっていった。

獨協大学教授の福永文夫は、戦後の歴代首相が施政方針あるいは所信表明演説で「平和国家」という言葉を使った回数を分析している。それによれば、占領期が最も多く、片山哲は二度の施政方針演説で五回。吉田茂も四回。しかし、鳩山一郎、岸信介《きしのぶすけ》、池田勇人《いけだはやと》は皆無となる。改憲を主張した鳩山、岸は平和国家にふれていない。

その後、回数が多いのは、中曽根康弘《なかそねやすひろ》が四回、佐藤栄作、海部俊樹《かいふとしき》、安倍晋三が三回と続いている。議会での発言を見ていくと、占領期は別として、佐藤、鈴木善幸《すずきぜんこう》、中曽根、海部、小泉純一郎、そして安倍の六人の首相の時期に目立つという。福永は、「いずれもポスト経済大国、ソ連のアフガニスタン侵攻に伴う新冷戦、湾岸戦争等々、ある意味、国内外の環境の変化のなかで「この国」のあり方が問われたときである」と指摘している(福永文夫「「平和国家」はどのように語られてきたか」)。

実際、「平和国家」の内実は、戦後史のなかで揺れ続けてきた。日米安保条約、自衛隊による再軍備、自衛隊PKO派遣、安保法制による集団的自衛権行使の容認……と、揺れるたびごとに、時の政権担当者は改めて「平和国家」をめざすことを宣言し続けてきたのである。

国連では、一九七〇年代に入り「平和国家・日本」が強調される。一九七〇年、国連総会で日本の首相として初めて演説した佐藤栄作は「すべて平和的話し合いによってきめるという平和国家に徹する姿勢を堅持する」と語った。また、一九七三年に大平正芳外相は国連演説で、「平和国家」を国是として、こう語った。

「わが国は単に平和を受動的に享受するにとどまらず、進んで平和創造のために貢献したい」

二〇〇五年、戦後六〇年にあたり外務省は、「平和国家としての六〇年の歩み(ファクト・シート)」で次のように述べている。

「我が国は、過去の一時期国策を誤り、植民地支配と侵略によって、多くの国々、とりわけアジア諸国の人々に対して多大の損害と苦痛を与えた。こうした歴史の事実を謙虚に受け止め、痛切なる反省と心からのお詫びの気持ちを常に心に刻みつつ、我が国は戦後六〇年一貫して、強固な民主主義に支えられた「平和国家」として、専守防衛に徹し、国際紛争を助長せず、国際の平和と安定のために持てる国力を最大限に投入してきた」

いまや日本のナショナル・アイデンティティーとなった「平和国家」。今後、どのような平和国家を目指すのか。未来を考える時、九条誕生のなかで、わたしたちの先達が思い描いていた平和の構想にいまいちど目を向ける必要があろう。

エピローグ――東北で憲法を考える

日本国憲法施行から七〇年が過ぎた二〇一七年。九月三〇日、鈴木の母校、仙台市の東北学院で「平和憲法と鈴木義男」と題するシンポジウムが開かれ、三〇〇人が集まった。鈴木の生涯を研究してきた経済学部の仁昌寺正一教授、憲政史家で獨協大学名誉教授の古関彰一、そして鈴木の孫、油井大三郎が発表した。

油井はこれまで孫としての体験を公にすることはなかったが、高校三年生の時に亡くなった祖父の思い出をはじめて故郷東北の人々に語った。

「野口英世、ペスタロッチ、ヒューマニストの本をよく読めと言っていました。僕の兄と従兄は四つ上なんですけれど、高校生の兄たちには河上肇の「貧乏物語」を読めって薦めていたんです。僕は中学生だったんだけれど、どうして薦めてくれないのか、悔しい思いをしたのを強烈に覚えています。孫たちにある種の社会的自覚を持ってほしいという気持ちはあったと思います」

スイスの教育実践家、ペスタロッチの「すべてを他者のために為して、己のために為すな」という言葉をよく聞かせてくれたが、普段はパチンコ好きの庶民的な人だった。

「近所の兵隊上がりの果物屋さんは商売が下手。それで大量に買ってきてしまうので祖母に怒られていました」

そんなエピソードを紹介したあと、油井は「第一次世界大戦以降の平和思想と日本国憲法第九条」と題する講演をおこなった。第一次大戦の衝撃から国際連盟と戦争を違法化する考え方が生まれ、第九条が世界史のこうした潮流のなかに位置づけられることが説明された。

鈴木の憲法への関わりは、戦後、正当に評価されてきたとは言いがたい。この日のシンポジウムで古関も指摘していたが、社会党史には一言も出てこない。森戸辰男の生存権への貢献も同様である。彼らが活躍した小委員会の記録が一九九五年まで公開されなかったこともある。しかし、ふたりが社会党右派に属し、鈴木が社会党の向坂派と対立し、民主社会党の結党に参加したことが、社会党の正史から消えてしまった大きな原因であろう。さらに、戦後「押しつけ憲法論」が唱えられると、九条への日本人の関わりは軽視されるに至った。油井は、この日のレジメにこう記している。

i　日本国憲法九条の戦争を放棄、戦力不保持の条項は、明らかに膨大な犠牲者を出した第一次世界大戦の反省に基づく、戦争違法化思想の具体化である不戦条約の系譜をひくもの。

ii　不戦条約には日本も批准していながら、九条がＧＨＱから「押しつけられた」との受け止め方が強いのは、一九二〇年代における国際連盟や〔……〕幣原外交を「軟弱」と評価し、武力による領土拡大という「近代帝国的膨張路線」に固執する世論が日本国内でも強まり、一九二〇年代の国際的協調外交が忘却されたから。〔……〕

v　憲法九条を米国が日本の軍事的脅威を取り除くために「外から押しつけた」という解釈をするのは、世界史的発展の動向を無視し、依然として「近代帝国的発展＝旧外交」を清算しきれない傾向の発露ではないか？

憲法施行から七〇年、ようやく九条誕生への日本人の関わりが明らかになってきた。マッカーサーを中心にＧＨＱが草案を作成したが、九条は、一九二〇年代、戦争違法化と国際協調に外交官として関わった幣原喜重郎、芦田均、そして法学者としてその思潮にふれた鈴木義男らが、戦争の時代の反省の上に生み出したのである。

憲法をめぐって東北を旅するなかで改めて気づいたことがある。日本国憲法に関わった「ふたりの鈴木」がいずれも福島県の出身で、しかも吉野作造の弟子であることだ。

ふたりの鈴木——鈴木義男と鈴木安蔵だ。

ＧＨＱにも影響を与えた憲法研究会の草案を中心となって作った鈴木安蔵。一九〇四(明治三七)年、福島県相馬郡小高町、現在の南相馬市小高区に生まれた(生家は、東日本大震災の原発事故で警戒区域とされて立ち入りが禁止されたが、二〇一六年に避難指示が解除された)。京都帝国大学の学生時代に治安維持法違反で逮捕され、出獄後、憲法研究を志した鈴木安蔵が教えを請うたのが、晩年の吉野作造だった。鈴木安蔵は、吉野の「明治文化研究」に刺激され、植木枝盛《うえきえもり》ら自由民権運動の私擬憲法の研究に取り組む。それが敗戦後の憲法研究会の草案に生かされる。自由民権運動から敗戦後の民主主義へ。その結節点となったのが大正デモクラシーの代表的思想家、吉野作造だったのである。

二〇一五年、吉野の故郷、宮城県大崎市にある吉野作造記念館で「日本国憲法の誕生と吉野作造」

という企画展が開かれた。吉野と鈴木安蔵の交流をしめす書簡や憲法研究会関連の資料が展示され、日本国憲法と吉野の思想が鈴木安蔵を介してつながっていることを再認識させられた。

そして鈴木義男もまた、吉野作造の民本主義に強い影響を受けている。後年、こう回顧している。「私は、吉野先生には、学生の時代から、普通選挙、社会民主主義で行わなければならないということを教育されました」

吉野作造、鈴木義男、鈴木安蔵。憲法をめぐって師弟関係の三人はいずれも東北の出身であった。自由民権運動から大正デモクラシー、そして戦後の民主主義と新憲法へと、思想の水脈がつながっている。東北の取材で、この重要性を『吉野作造通信』を発行する会」の永澤汪恭《ながさわひろやす》や東北学院大学の田中輝和名誉教授からも教えられた。

さらに、吉野と日本国憲法を考えるとき、もうひとり忘れてはならないのが、宮沢俊義である。宮沢は敗戦直後、ポツダム宣言を目にしたとき、真っ先に吉野作造を思い起こしたという。

「戦争がおわって日本が降伏文に調印したとき、何よりもまず思い出されたのは亡き吉野作造先生のことであった。ポツダム宣言が連合国の意向として戦敗者としての日本に対し要求するところは、まさしくいまから四半世紀前に吉野先生が一日本人としてその祖国日本に対して要求されたところにほかならぬからである。ポツダム宣言は日本が民主政治を確立し、平和国家を建設することを要求している。そして吉野先生がその必ずしも長くなかった生涯を通じてその熱愛する祖国のために主張せられたのもまさしく民主政治の確立と平和国家の建設であったのである」（宮沢俊義「吉野先生とその民

主政治論」『新生』一九四六年五月号）

宮沢は敗戦直後の東大での講義「戦争終結と憲法」で、吉野を論じている。吉野は「官制改革による統帥権独立の禁止、軍備縮小・軍制改革による平和的日本の建設」を主張した。それは、大正末期から昭和の初めに支持を得たが、満州事変以後、言論の自由の制約とともに「国家を毒するもののようにすら説かれた」。しかし、ポツダム宣言に含まれている主張は、「おおもとにおいて、先生がかつて唱えられたところと異なるところはない」。

実は、吉野の軍部批判がアメリカの対日政策に影響を及ぼしたことが、原秀成により指摘されている。一九二二（大正一一）年、吉野は『二重政府と帷幄上奏』を刊行、軍部大臣武官制を批判した。それは吉野の死後、アメリカ留学生の武内辰治によって翻訳され、アメリカの学者コールグローブに伝えられ、一九四〇年代の「対日政策立案の基盤を提供した」という（原秀成『日本国憲法制定の系譜 一 戦争終結まで』）。コールグローブはGHQの憲法問題担当政治顧問として一九四六年三月に来日した。

こうしてみてくると、日本国憲法は敗戦直後の数年間で制定されたが、それ以前の多くの人々の思想的格闘の上に成立していたことが分かる。

憲法の平和主義は、第一次世界大戦後、平和に取り組んだ世界の歩み、自由民権運動から大正デモクラシー、そして戦後……民主主義をもとめる闘いの延長線上に誕生したのである。

その歴史の上に、いま、私たちは生きている。

参考文献

赤江達也『矢内原忠雄　戦争と知識人の使命』岩波新書、二〇一七年
秋山久解説「原彪日記1―4」『週刊エコノミスト』一九九三年一〇―一一月
芦部信喜ほか編著『日本国憲法制定資料全集(1)――憲法問題調査員会関係資料等』信山社出版、一九九七年
有山輝雄『戦後史のなかの憲法とジャーナリズム』柏書房、一九九八年
粟屋憲太郎・NHK取材班『東京裁判への道　NHKスペシャル』日本放送出版協会、一九九四年
伊藤隆・渡辺行男編『続　重光葵手記』中央公論社、一九八八年
井上寿一『戦争調査会――幻の政府文書を読み解く』講談社現代新書、二〇一七年
入江俊郎『憲法成立の経緯と憲法上の諸問題　入江俊郎論集』入江俊郎論集刊行会、一九七六年
岩淵辰雄ほか「座談会・憲法は二週間で出来たか？」『改造』一九五二年四月増刊号
「NHKスペシャル」取材班『日本人と象徴天皇』新潮新書、二〇一七年
金子勝「日本国憲法の間接的起草者、鈴木安蔵氏」『立正法学論集』第三九巻第一号、二〇〇五年
――「憲法研究会『憲法草案要綱』が導いた日本国憲法」『立正法学論集』第四一巻第一号、二〇〇七年
木戸幸一『木戸幸一日記(下)』木戸日記研究会校訂、東京大学出版会、一九六六年
木戸日記研究会編『木戸幸一関係文書』東京大学出版会、一九六六年
木下道雄『側近日誌』文藝春秋、一九九〇年
宮内庁編修『昭和天皇実録　第九』東京書籍、二〇一六年
――『昭和天皇実録　第十』東京書籍、二〇一七年
チャールズ・ケーディス「日本国憲法制定に於けるアメリカの役割」竹前栄治・岡部史信『日本国憲法・検証　第一巻　憲法制定史』小学館文庫、二〇〇〇年

小池聖一「森戸辰男関係文書のなかの日本国憲法(1)憲法草案と森戸辰男」『広島大学文書館紀要』第九号、二〇〇七年
ベアテ・シロタ・ゴードン『一九四五年のクリスマス』平岡磨紀子構成・文、柏書房、一九九五年
児島襄『日本占領(3)』文藝春秋、一九七八年
古関彰一『「平和国家」日本の再検討』岩波現代文庫、二〇一三年
――『平和憲法の深層』ちくま新書、二〇一五年
――『日本国憲法の誕生　増補改訂版』岩波現代文庫、二〇一七年
古関彰一・豊下楢彦『沖縄　憲法なき戦後』みすず書房、二〇一八年
境家史郎『憲法と世論――戦後日本人は憲法とどう向き合ってきたのか』筑摩書房、二〇一七年
佐々木高雄『戦争放棄条項の成立経緯』成文堂、一九九七年
――「大学ノート版「羽室メモ」」『青山法学論集』第四〇巻第一号、一九九八年
佐藤達夫『日本国憲法成立史　第一巻』有斐閣、一九六二年
――『日本国憲法成立史　第二巻』有斐閣、一九六四年
――『日本国憲法成立史　第三巻、第四巻』佐藤功補訂、有斐閣、一九九四年
――『日本国憲法誕生記』中公文庫、一九九九年
参議院事務局編『復刻版　戦争放棄編』寺島俊穂抜粋・解説、三和書籍、二〇一七年
塩田潮『日本国憲法をつくった男　宰相幣原喜重郎』文春文庫、一九九八年
紫垣隆「憲法問題と幣原喜重郎――故人の名誉を傷つけ、苦衷を裏切る平野三郎の妄断」『大凡』一九六四年
幣原喜重郎『外交五十年』読売新聞社、一九五一年
幣原平和財団『幣原喜重郎』幣原平和財団、一九五五年
幣原道太郎「憲法第九条を強要された父・幣原喜重郎の悲劇」『週刊文春』一九八一年三月二六日号
島静一『私が見た　憲法・国会はこうやって作られた』岩波ブックレット、二〇〇六年

清水まり子「人格的生存権の実現をめざして――鈴木義男と憲法第二五条第一項の成立」『社会事業史研究』第三九号、二〇一一年
――「鈴木義男の思想と実践から」『社会事業史研究』第四六号、二〇一四年
衆議院事務局『帝国憲法改正案委員小委員会速記録　第九十回帝国議会衆議院』現代史料出版、二〇〇五年
新藤榮一・下河辺元春編『芦田均日記1』岩波書店、一九八六年
鈴木昭典『日本国憲法を生んだ密室の九日間』創元社、一九九五年
鈴木安蔵「憲法研究会の憲法草案起草および憲法制定会議提唱」『愛知大学法経論集』第二八、二九号、一九五九年
――『憲法学三十年』評論社、一九六七年
――『憲法制定前後　新憲法をめぐる激動期の記録』青木書店、一九七七年
鈴木義男「独逸より」『思想』一九二三年九月号
――「仏蘭西より」『法学志林』一九二三年一二月一日号
――「所謂基本権の法律的実現」『社会政策時報』一九二六年一月号
――『新憲法読本』鱒書房、一九四六年
――『私の記憶に存する憲法改正の際の修正点――参議院内閣委員会に於ける鈴木義男氏の公述速記』憲法調査会事務局、一九五八年
鈴木義男伝記刊行会編『鈴木義男』鈴木義男伝記刊行会、一九六四年
高杉善治、小池松次編『天皇明仁の昭和史』ワック、二〇〇六年
高見勝利『宮沢俊義の憲法学史的研究』有斐閣、二〇〇〇年
――『憲法改正とは何だろうか』岩波新書、二〇一七年
――「「平和国家ノ確立」から「平和憲法の公布」まで――9・4勅語と11・3勅書の間」『歴史学研究』二〇一七年一〇月号

高柳賢三・大友一郎・田中英夫編著『日本国憲法制定の過程　1』有斐閣、一九七二年
田中輝和「憲法一七、四〇条の成立と鈴木義男氏」『東北学院大学法学政治学研究所紀要』第二一号、二〇一三年
東北学院資料室運営委員会「大正デモクラシーと東北学院」調査委員会編『大正デモクラシーと東北学院――杉山元治郎と鈴木義男』東北学院、二〇〇六年
徳川義寛『徳川義寛終戦日記』御厨貴・岩井克己監修、朝日新聞社、一九九九年
豊下楢彦『昭和天皇・マッカーサー会見』岩波現代文庫、二〇〇八年
――『昭和天皇の戦後日本』岩波書店、二〇一五年
西修『日本国憲法成立過程の研究』成文堂、二〇〇四年
――『日本国憲法はこうして生まれた』中公文庫、二〇〇〇年
ハーバート・ノーマン『ハーバート・ノーマン全集　第二巻　日本政治の封建的背景』大窪愿二編訳、岩波書店、一九七七年
服部龍二『増補版　幣原喜重郎　外交と民主主義』吉田書店、二〇一七年
馬場恒吾「政治談義――この喪心状態を奈何」『新生』一九四五年
原秀成『日本国憲法制定の系譜一　戦争終結まで』日本評論社、二〇〇六年
原彪遺稿刊行会編『原彪』原彪遺稿刊行会、一九七八年
原田一明「宮沢俊義文庫㈠戦争終結と憲法」『立教法学』第九二号(二〇一五年)、「宮沢俊義文庫㈡新憲法制定に関する松本烝治先生談話(一九四七)」『立教法学』第九四号(二〇一六年)、立教大学図書室所蔵『宮沢俊義文庫』C―61「ポツダム宣言と憲法」ファイル16―22
平野三郎『幣原先生から聴取した戦争放棄条項等の生まれた事情について』憲法調査会事務局、一九六四年
深瀬忠一『戦争放棄と平和的生存権』岩波書店、一九八七年
福島啓之「昭和二〇年の国家再建工作――「近衛上奏文」、「憲法草案要綱」と岩淵辰雄」(未発表準備稿)

福永文夫「「平和国家」はどのように語られてきたか――「平和国家」論の位相」『獨協法学』第一〇二号、二〇一七年
細川護貞『細川日記』中央公論社、一九七八年
堀尾輝久「憲法九条と幣原喜重郎――憲法調査会会長高柳賢三・マッカーサー元帥の往復書簡を中心に」『世界』二〇一六年五月号
松尾尊兊『戦後日本への出発』岩波書店、二〇〇二年
――「敗戦前後の佐々木惣一――近衛文麿との関係を中心に」『人文學報』第九八号、二〇〇九年
――「戦後史秘話　米国人記者会見　昭和天皇は真珠湾攻撃の責任を東条元首相に転嫁した」『論座』二〇〇七年二月号
ダグラス・マッカーサー『マッカーサー大戦回顧録』津島一夫訳、中公文庫、二〇〇三年
丸山幹治「平和国家への道」『現代』一九四五年一〇月号
宮沢俊義『東と西』春秋社松柏館、一九四三年
――「吉野先生とその民主政治論」『新生』一九四六年五月号
――「憲法改正について」『改造』一九四六年三月号
宮沢俊義ほか『昭和思想史への証言』毎日新聞社、一九六八年
森戸辰男「平和国家の建設」『改造』一九四六年一月号
――『思想の遍歴(上・下)』春秋社、一九七二、七五年
――『私の履歴書　文化人20』日本経済新聞社、一九八四年
矢内原忠雄『日本精神と平和国家』岩波新書、一九四六年
山極晃・中村政則編『資料日本占領Ⅰ　天皇制』岡田良之助訳、大月書店、一九九〇年
山室信一『憲法9条の思想水脈』朝日選書、二〇〇七年
吉田茂『回想十年　第二巻』、新潮社、一九五七年

連合国軍総司令部民政局編『日本の新憲法』憲法調査会事務局、一九五六年
和田春樹「戦後日本平和主義の原点」『思想』二〇〇二年一二月号
——『「平和国家」の誕生』岩波書店、二〇一五年

番組製作スタッフ

NHKスペシャル「日本国憲法　誕生」(二〇〇七年四月二九日放送)

取材協力　古関彰一／西修／笹川隆太郎／佐々木髙雄／高見勝利／籾谷良彦／赤塚康雄／臼井鉄嗣／川島真／佐藤紀子／新藤榮一／角元友子／竹峰寛子／原秀成／松沢哲成／サブリナ・エレオノーラ／アレクセイ・キリチェンコ／デイル・モス／ロニー陳／レオナルド・ミーカー

語り　長谷川勝彦

声の出演　81プロデュース

撮影　浅野康治郎／遠藤大

音声　稲垣従道

照明　寺田博

美術　太田礼二

映像技術　徳久太郎

取材　佐古純一郎／岩本善政

コーディネーター　柳原緑／フレイザー悦子

音響効果　佐々木隆夫

編集　西條文彦

デスク　桑野太郎

ディレクター　寺西浩太郎／山口智也

制作統括　塩田純

NHKスペシャル「憲法70年　〝平和国家〟はこうして生まれた」
(二〇一七年四月三〇日放送)

出演　鶴見辰吾／斎藤洋介／阿南健治／今村俊一／新富重夫／大塚洋／大林丈史／猪瀬光博／チャールズ・グラバー／ジョン・オクマ／キース・ルーカス／エンゼルプロ

語り　中條誠子

キャスター　武田真一

声の出演　81プロデュース

取材協力　衆議院事務局／杉並区役所／東北学院史資料センター／専修大学図書館／第一生命保険／高見勝利／豊下楢彦／原秀成／福永文夫／金子勝／永井和／原田一明／武田知己／鈴木義久／冨永望／遠藤敦子／中村佑子／清水まり子／早瀬ゆり

撮影　冨永真太郎／金子博志

技術　田村康

音声　阿部晃郎

照明　富岡幸春／重石泰弘

映像技術　島田隆之

映像デザイン　加藤隆弘

CGデザイン　森俊博

CG制作　中村仁吾

取材　岩本善政

コーディネーター　柳原みどり

音響効果　福井純子

編集　西條文彦／山﨑健太郎

演出　佐古純一郎

デスク　浜田裕造

ディレクター　梅原勇樹

制作統括　塩田純

あとがき

日本国憲法、なかでも九条はどのようにして生まれたのか――。

この疑問を追い始めたのは、今から二六年前のことです。

ＮＨＫスペシャル「東京裁判への道」の取材でアメリカを訪れたことがきっかけでした。東京裁判で、なぜ昭和天皇が不訴追になったのか、国際的な視点で描いた番組です。

ＧＨＱ草案の作成に当たったチャールズ・ケーディス氏をマサチューセッツ州ヒースの自宅に訪ねました。象徴天皇や九条の原型をどのように考えていたのか、そしてＧＨＱ草案を日本政府に手交した時の生々しい様子を語ってくれました。占領期、切れ者で知られ、鳥尾鶴代子爵夫人と浮き名を流したケーディス。その記念写真を示し、「誰かご存じでしょう？」と、にやりとしました。歴史上の人物の話を聞くおもしろさに夢中になりました。と同時に、一般にＧＨＱが短期間で作成したとされていた憲法草案ですが、その前後に様々な試行錯誤があることが見えてきました。いつか、憲法制定の過程を長尺のドキュメンタリーにしたいと思うようになりました。

その企画は、二〇〇七年、憲法施行六〇年を迎えた時に実現しました。プロデューサーの私と共に、寺西浩太郎、山口智也、ふたりのディレクターが精力的に取材を進め、ＮＨＫスペシャル「日本国憲法　誕生」を制作しました。多くの人々の関心は、憲法がＧＨＱの押しつけか否かにありましたが、極東委員会の動きも追い、国際的な視点で憲法の誕生を見つめ直すことにしました。憲法研究会をはじめとする在野の憲法草案にもふれ、GHQに与えた影響を明らかにすることができました。

幸い番組は好評で、文化庁芸術祭優秀賞を受賞しました。そして、それまでの取材をもとに二〇〇八年、NHK出版より『日本国憲法誕生――知られざる舞台裏』を刊行。この本で、私は憲法の制定過程については概略をまとめたつもりでいたのです。

しかし、その後、新たな研究が進み、これが浅はかな考えだったことを思い知らされます。

最初に目を開かされたのは、東京大学の和田春樹名誉教授の研究です。和田先生からはそれまでも、ロシアや朝鮮半島の現代史について何度もご教示をいただいていました。先生は、一九四五(昭和二〇)年九月四日、昭和天皇が勅語で「平和国家を確立」と述べたことの重要性を指摘。天皇の勅語が憲法の平和主義につながっていくことを著書『「平和国家」の誕生』で詳述されたのです。

ついで、二〇一四年に完成した『昭和天皇実録』で、天皇と憲法の関わりに光が当たりました。昭和天皇が従来考えられているよりも、ずっと積極的に憲法改正調査に取り組もうとしていた事実が浮かび上がってきたのです。実録を分析した元関西学院大学教授の豊下楢彦氏は、著書『昭和天皇の戦後日本』の中で「リアリスト」として憲法改正に関わっていく昭和天皇の動きに注目していました。

こうしたことから、二〇一七年、憲法施行七〇年に、あらためて九条の平和主義の淵源について調べ直して番組にしようと思い立ちました。

一〇年前にお世話になった古関彰一・獨協大学名誉教授にお会いしたところ、開口一番、「これまでの研究を書き直そうとしています」と告げられました。憲法制定過程研究の第一人者の古関先生が主著『新憲法の誕生』に大幅に加筆して、増補改訂版を刊行されようとしていたのです。古関先生は、平和主義の出発点を『平和憲法の深層』で論じておられました。

新しい研究にふれて、いまいちど九条を見つめ直してみると、実はGHQ草案には、戦争の放棄、戦力の不保持、交戦権の否認はありますが、「平和」の文字はないのです。制限条項ばかりで、憲法の柱である「平和」の文字は、前文には謳われているものの条文には明記されていません。

実は、九条の最初のくだり「日本国民は、正義と秩序を基調とする国際平和を誠実に希求し」は帝国議会の小委員会で加えられたのです。この時、条文の前後を入れ替えた結果、のちに「芦田修正」と呼ばれる自衛権をめぐる解釈論争が生まれ、メディアも研究者もその経緯に注目してきました。その影で本来の意図である平和主義、国際協調を明確にしたことの重要性が忘れられていたのです。

では、誰がどのような考えで平和主義を盛り込んだのか――。

小委員会で九条の修正の発端となったのは社会党の鈴木義男議員の発言でした。鈴木については、東北学院大学の仁昌寺正一教授が、その前半生と九条の平和主義との関わりを明らかにしていました。私は何度か仙台に通い、仁昌寺先生や田中輝和先生から、鈴木の業績を教えられたのです。

こうして新たな視点から、二〇一七年四月三〇日、NHKスペシャル「憲法70年〝平和国家〟はこうして生まれた」を放送しました。梅原勇樹ディレクターと岩本善政さん、柳原みどりさんが新資料を発掘し、番組は大きな反響を呼びました。その成果をもとに、一〇年前の拙著を全面的に改稿、加筆したのが本書です。

執筆に当たっては、いま論議を呼んでいる九条の制定過程に力点を置いて、自衛権がどのように論議されていたのかを追跡し、公刊された『昭和天皇実録』をもとに、天皇と憲法改正の関わりについてできるだけ記述するようにしました。『実録』は読み込んでみると、記載されていない史実もあり、ほかの史料で補足するようにしましたが、未だ解明されていない部分があります。

振り返ってみると多くの証言者が鬼籍に入られました。現代史のドキュメンタリーを制作してきて痛感することですが、新資料が出てきたときには重要な証言者はこの世にいません。あのときにもっと聞いておけばよかったと、忸怩たる思いにとらわれます。この本は、現時点で判明したことをまとめた中間報告でしかなく、一〇年後、二〇年後には再び、書き直すときが来るでしょう。

多くの研究者のご協力を得ましたが、ことに古関彰一先生には、原稿をご覧いただき、有益な指摘をいただきました。

ここに、お世話になった方々のお名前を掲げて、感謝の意を表したいと思います(敬称略・五十音順)。金子勝、川島真、幣原隆太郎、清水まり子、鈴木義久、高見勝利、田中輝和、豊下楢彦、永澤汪恭、名和修、仁昌寺正一、原秀成、原田一明、福永文夫、藤田仁、松尾尊兊、油井大三郎、和田春樹

最後に、出版にご尽力いただいた岩波書店編集部の清水野亜さん、資料の整理、打ち込みをお願いした上野万里子さんに感謝申し上げます。

二〇一八年三月

塩田　純

日本国憲法成立関連年表

1914(大正 3)	7月	第1次世界大戦はじまる(〜1918年)
1919(大正 8)	6月	ヴェルサイユ条約調印
1920(大正 9)	12月	国際連盟成立
1928(昭和 3)	8月	パリ不戦条約
1931(昭和 6)	9月	満州事変
1933(昭和 8)	3月	日本，国際連盟脱退通告
1937(昭和 12)	7月	盧溝橋事件，日中戦争はじまる
1941(昭和 16)	12月	太平洋戦争はじまる
1945(昭和 20)		
	6月26日	国際連合憲章署名
	7月26日	連合国，ポツダム宣言を発する
	28日	鈴木貫太郎首相，ポツダム宣言を「黙殺」すると発表
	8月 6日	米軍，広島に原子爆弾投下
	8日	ソ連，対日宣戦を布告
	9日	米軍，長崎に原子爆弾投下
	10日	日本政府，天皇統治の大権を変更しないことを条件にポツダム宣言を受諾する旨，連合国に打電
	12日	バーンズ米国務長官，天皇と日本政府は連合国軍最高司令官に従属すると回答
	14日	日本，ポツダム宣言受諾
	15日	終戦の詔書を放送
	17日	東久邇宮稔彦内閣成立
	30日	連合国軍最高司令官ダグラス・マッカーサー，厚木飛行場に到着
	9月 2日	軍艦ミズーリ上で降伏文書調印
	3日	宮沢俊義，東大で「戦争終結と憲法」の講義はじめる
	4日	天皇，「平和国家確立」の勅語を発表
	15日	文部省，「新日本建設ノ教育方針」に「平和国家ノ建設」を掲げる
	21日	天皇，「憲法改正問題につき調査を依頼」
	25日	ニューヨーク・タイムズ太平洋方面支局長クラックホーン，天皇と会見

	ニューヨーク・タイムズ，「天皇は平和を望む」「戦争を避ける」と報ずる
27日	第1回天皇＝マッカーサー会談
10月 2日	連合国軍最高司令官総司令部(SCAP/GHQ)設置
4日	近衛文麿＝マッカーサー会談
	GHQ，政治犯釈放など人権指令を発する
9日	幣原喜重郎内閣成立
11日	天皇，近衛を内大臣府御用掛に任命．幣原，マッカーサーを訪問．マッカーサー，幣原に五大改革指令を発する
13日	政府，憲法問題調査委員会(委員長に松本烝治国務大臣)の設置を決める
11月 1日	GHQ，近衛の憲法改正の仕事はGHQと無関係と声明を発す
5日	憲法研究会，初会合
6日	矢内原忠雄，長野県の広岡国民学校で「平和国家論」を講演
11日	共産党，「新憲法の骨子」を発表
22日	近衛，「帝国憲法改正要綱」を天皇に上奏
12月 6日	GHQ，近衛を戦争犯罪人に指名
16日	近衛，服毒自殺
17日	衆議院議員選挙法の改正法公布
26日	憲法研究会，「憲法草案要綱」を発表し，政府，GHQに提出
1946(昭和21)	
1月 1日	天皇，人間宣言
	明仁親王，「平和国家建設」書き初め
4日	松本，「憲法改正私案」を脱稿．後に「憲法改正要綱」(松本甲案)となる
7日	松本，憲法改正私案を天皇に奏上
11日	GHQラウエル中佐，憲法研究会草案の「所見」を提出
24日	幣原＝マッカーサー会談(ペニシリン会談)
25日	マッカーサー，米統合参謀本部に天皇不訴追の極秘電
	幣原，昭和天皇にペニシリン会談について奏上
29日	松本，憲法改正要綱を閣議に提出
	30日から2月1-2日にかけて閣議で審議．閣議決定とはならず

2月 1日	毎日新聞,「憲法問題調査委員会試案」をスクープ
3日	マッカーサー,「三原則」をホイットニー民政局長に示す
4日	ホイットニー，民政局に三原則を示し GHQ 草案の作成をはじめる
7日	松本，天皇に拝謁し，憲法改正要綱を奏上
8日	松本，GHQ に憲法改正要綱を提出
9日	天皇，憲法改正要綱への意見を述べる
13日	ホイットニー，吉田茂外務大臣や松本らに GHQ 草案を手交
15日	白洲次郎,「ジープ・ウェイ・レター」をホイットニーに送る
19日	松本ら，閣議で GHQ 草案について説明 天皇，巡幸をはじめる
21日	幣原＝マッカーサー，3 時間にわたり会談
22日	閣議で GHQ 草案の受け入れを決定 幣原，天皇に拝謁．GHQ 草案を提出
23日	社会党,「新憲法要綱」を発表
26日	極東委員会第 1 回総会開催
3月 4日	午前 10 時，松本と佐藤達夫法制局第一部長，GHQ 本部に出頭．翌 5 日まで 30 時間，審議
5日	午後 5 時，幣原，天皇に拝謁
6日	憲法改正草案要綱・天皇の勅語発表．翌 7 日，新聞などに公表される
9日	天皇，GHQ 職員に白羽二重を贈る
18日	『昭和天皇独白録』の聴き取りはじまる
20日	幣原，枢密院で草案を説明
4月10日	衆議院議員総選挙投票
5月 3日	極東国際軍事裁判(東京裁判)開廷
13日	極東委員会「新憲法採択の諸原則」を決定，GHQ に伝える
22日	第 1 次吉田茂内閣成立
31日	第 2 回天皇＝マッカーサー会談
6月20日	第 90 回帝国議会開会
25日	政府憲法草案，衆議院に上程
26日	鈴木義男，衆議院本会議で演説.「積極的平和機構への参加政策」
28日	野坂参三，自衛権について質問

7月17日	金森＝ケーディス会談，憲法条文の「国民至高の総意」の「至高」を「主権」に修正
25日	帝国憲法改正案特別委員会のもとに「小委員会」(委員長に芦田均)を設置
	29日から8月1日小委員会で生存権について審議．追加
8月 1日	小委員会で芦田修正行われる
24日	衆議院，帝国憲法改正案を修正可決
9月21日	極東委員会で，芦田修正が問題となる
23日	GHQ，日本政府に対し憲法の文民条項(66条2項)などの修正を求める
26日	貴族院に憲法改正案を上程．10月6日可決成立
10月16日	第3回天皇＝マッカーサー会談
17日	極東委員会，憲法再検討を決定
11月 3日	日本国憲法公布
12月 1日	憲法普及会が設立される
	鈴木義男『新憲法読本』刊行

1947(昭和22)

5月 3日	日本国憲法施行
6日	第4回天皇＝マッカーサー会談

塩 田 純
1960年東京都生まれ．東京大学文学部社会学科卒．1983年NHK入局．現在，NHKエデュケーショナル特集文化部制作主幹．日本・アジアの近現代史のドキュメンタリーに取り組む．主な番組に，NHKスペシャル「東京裁判への道」(放送文化基金賞本賞)，同「日中戦争」(文化庁芸術祭大賞)，同「日本国憲法　誕生」(文化庁芸術祭優秀賞)，BSドキュメンタリー「アジアに生きる子どもたち お母さんに会いたい」(イタリア賞グラナロロ特別賞)など．ETV特集「シリーズ 日本と朝鮮半島2000年」などで芸術選奨文部科学大臣賞を個人で受賞．そのほか，放送文化基金賞(放送文化)，放送人グランプリを受賞．
著書に『ガンディーを継いで――非暴力・不服従の系譜』『日本国憲法誕生――知られざる舞台裏』『尖閣諸島と日中外交――証言・日中米「秘密交渉」の真相』のほか，共著書に『張学良の昭和史最後の証言』『東京裁判への道』など．

9条誕生――平和国家はこうして生まれた

2018年 4 月26日　第1刷発行
2019年12月 5 日　第2刷発行

著　者　塩《しお》田《だ》 純《じゅん》

発行者　岡本 厚

発行所　株式会社 岩波書店
〒101-8002 東京都千代田区一ツ橋2-5-5
電話案内 03-5210-4000
https://www.iwanami.co.jp/

印刷・理想社　カバー・半七印刷　製本・松岳社

ISBN 978-4-00-061262-3　　Printed in Japan